Klimaanlage
NATURGARTEN

NATÜRLICH UND ÖKOLOGISCH GÄRTNERN

Haftungsausschluss

Autorin und Verlag haben den Inhalt dieses Buches mit großer Sorgfalt und nach bestem Wissen und Gewissen zusammengestellt. Für eventuelle Schäden, die als Folge von Handlungen und/oder gefassten Beschlüssen aufgrund der gegebenen Informationen entstehen, kann dennoch keine Haftung übernommen werden.

Impressum

Copyright © 2022 Cadmos Verlag GmbH, München

Entwicklung „Natur im Garten" CI: Artelier Joe Wagner, www.artelier-wagner.com

Covergestaltung, grafisches Konzept: Gerlinde Gröll, www.cadmos.de

Layout, Satz: Hantsch PrePress Services OG, Wien

Lektorat, Redaktion und Projektleitung: Ing. Barbara P. Meister MA, FachLektor.at

Coverfoto: © Natur im Garten/Alexander Haiden

Rückseite: Lotus_studio/Shutterstock.com, C Moniert (Porträt)

Druck: www.graspo.com

Deutsche Nationalbibliothek – CIP-Einheitsaufnahme

Die Deutsche Nationalbibliothek verzeichnet diese Publikation in der Deutschen Nationalbibliografie; detaillierte bibliografische Daten sind im Internet über http://dnb.ddb.de abrufbar.

Alle Rechte vorbehalten. Abdruck oder Speicherung in elektronischen Medien nur nach vorheriger schriftlicher Genehmigung durch den Verlag.

Printed in EU

Für die Richtigkeit der Angaben wird trotz sorgfältiger Recherche keine Haftung übernommen.

ISBN: 9-783-8404-8125-3

garten
kurz & gut

Klimaanlage
NATURGARTEN
NATÜRLICH UND ÖKOLOGISCH GÄRTNERN

MARGIT BENEŠ-OELLER

Hrsg. NATUR im GARTEN

avBUCH

Vorwort

© Monihart

Nah an der Natur

Margit Beneš-Oeller

Etwas „durch die Blume ausdrücken", „verwurzelt oder entwurzelt" sein, „die Früchte der Arbeit ernten", „heranreifen" oder auch „aus dem Gröbsten herauswachsen" … Gerade im Garten kommen wir der Natur nahe. Dass auch hier etwa heiße Sommer keine Wetterkapriolen mehr bedeuten, sondern für den menschengemachten Klimawandel charakteristisch zum Normalfall werden, darüber gibt es keine ernst zu nehmenden Zweifel mehr. Direkt vor Ihrer Haustür werden Sie so vor neue Herausforderungen gestellt. Dieses Buch möchte Ihnen mit zahlreichen praktischen Tipps zu einer angepassten Gartengestaltung und Pflege unter die Arme greifen und positive Beispiele dazu liefern, wie Sie trotz der geänderten klimatischen Verhältnisse weiterhin viel Freude an den Grünoasen haben können. Ob nun Gestaltung, richtige Pflanzenauswahl oder Pflege – auch Ihren Vor-/Garten, Balkon oder die Terrasse können Sie an die Auswirkungen des Klimawandels anpassen.

Beständigkeit und Veränderung – diese beiden Eigenschaften sind eng mit der Natur verbunden. Auch wenn unsere Bemühungen allein nicht immer den Erfolg garantieren: Pflanzen reagieren darauf und wir können hautnah miterleben, was wir bewirken, wenn wir Pflege und Verantwortung übernehmen. Das Beobachten und Reagieren auf Boden, Wasser, Wind und Licht gehört seit jeher zum Gärtnern. Im Experimentierfeld Garten nehmen wir wahr, spüren, denken nach und entwickeln. Die Klimakrise macht es notwendig, Neues vor Ort zu probieren und bislang unerforschte Wege zu gehen. Wir wissen längst, was zu tun wäre: ein Mehr an umweltfreundlichem Handeln und an Grün. Auch mit Ihrem Naturgarten nehmen Sie Einfluss auf die Gestaltung unserer Umgebung. Wir alle können mit und in unseren Grünoasen einen wichtigen Beitrag zur Klimaanpassung leisten und so unsere Lebensqualität steigern.

All die Möglichkeiten, die wir im Garten haben, schenken uns Freude, Überraschungen und Kraft. Bleiben wir also experimentierfreudig! In diesem Sinn wünsche ich Ihnen viel Vergnügen mit dem vorliegenden Buch.

Margit Beneš-Oeller

Inhalt

Zur Zeit, da die Kirschen reif wurden, waren früher die Wiesengräser meist noch grün.

© Margit Beneš-Oeller

Der Klimawandel
und seine Auswirkungen

Wärmerekorde sind weltweit ein klares Anzeichen für den anhaltenden langfristigen Klimawandel.

Was der Klimawandel für das Weltklima bedeutet, zeigen einige Fakten:
- Die 20 heißesten Jahre seit Beginn der Wetteraufzeichnungen wurden weltweit alle in den letzten 22 Jahren gemessen (WMO World Meteorological Organization).
- In den letzten 100 Jahren haben Forscher und Wissenschaftler einen weltweiten **Anstieg der Durchschnittstemperatur** von ungefähr 0,9 °C festgestellt.

- Weltweit hat die durchschnittliche Oberflächentemperatur 2018 um 1,0 °C über dem Mittel der vorindustriellen Zeit gelegen, 2015 und 2017 sogar 1,1 °C.

Im 20. und 21. Jahrhundert wurden durch menschliche Aktivitäten große Mengen von Treibhausgasen in die Atmosphäre eingebracht.

Man spricht hier von der anthropogenen globalen Erwärmung. Die Konzentrationen der **Treibhausgase** – Kohlendioxid (CO_2), Methan (CH_4) und Lachgas (N_2O) in der Atmosphäre – sind heute so hoch wie in den letzten 800.000 Jahren nicht.

Die wichtigsten Treibhausgase sind
- Wasserdampf
- Kohlendioxid
- Methan
- Ozon
- Stickoxide
- Fluorierte Treibhausgase (z. B. FCKW in Kühl- und Tiefkühlgeräten)

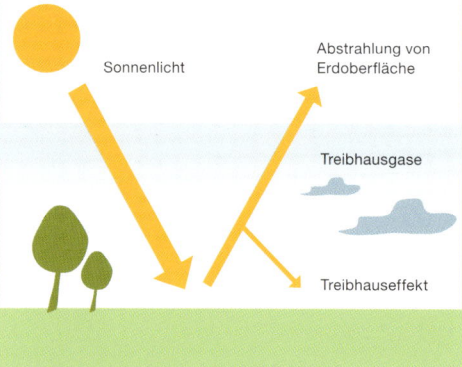

Sonnenlicht

Abstrahlung von Erdoberfläche

Treibhausgase

Treibhauseffekt

Der Treibhauseffekt.
© Natur im Garten/Gerhard Prähofer

Klimaforscher gehen davon aus, dass im Winter mehr „Regen"- und im Sommer vermehrt „Trocken"-Zeiten auf uns zukommen werden. Niederschlagsreiche Jahreszeiten werden also niederschlagsreicher, niederschlagsarme Jahreszeiten werden niederschlagsärmer. Dazu häufen sich **extreme Wetterereignisse** wie Starkregen und damit verbunden Überschwemmungen, hohe Windgeschwindigkeiten mit kleinräumigen Tornados und Hagel sowie immer längere Dürreperioden. Ein weiterer Anstieg der Treibhausgase in der Atmosphäre wird, wenn wir nichts dagegen unternehmen, in den kommenden Jahrzehnten zu einem weiteren **Anstieg der Jahresdurchschnittstemperatur um bis 4 bis 5 °C bis zum Jahr 2100** führen. Der Klimawandel hat auch Auswirkungen auf unsere Gesundheit. Aktuell werden bereits **mehr Hitzetote als Verkehrstote** verzeichnet.

Da braut sich was zusammen – über kurz oder lang.
© Margit Beneš-Oeller

Klimawandel in Österreich

Die Auswirkungen des Klimawandels sind auch in unseren Breiten angekommen und werden sich im Lauf des 21. Jahrhunderts verstärken. Die Sommerbilanz der ZAMG (Zentralanstalt für Meteorologie und Geodynamik) lässt starke Veränderungen im österreichischen Klima ahnen:

- Knapp hinter dem Rekord von 2003 lag der Sommer **2019 als zweitwärmster Sommer** der Messgeschichte **seit dem Jahr 1766 in Österreich um 2,7 °C über dem Mittel. Mit minus 30 % Niederschlag** war er einer der sieben trockensten Sommer der Messgeschichte.
- **Zwei- bis dreimal so viele Hitzetage** wie im Mittel wurden verzeichnet.
- **Unter den zehn heißesten Sommern der Messgeschichte liegen neun Sommer in jüngerer Vergangenheit,** die fünf heißesten Sommer liegen alle in den 2000er-Jahren.

In den nächsten Jahren stehen uns **wärmere Temperaturen, milde und nasse Winter und sehr heiße, trockene Sommer bevor. Trockenperioden und Hitzewellen** werden sehr viel häufiger auftreten. Zu den Perioden der Sommerdürre vermutet man zunehmend **instabile (Extrem-) Wetterlagen mit Starkregen**. Windstärken und Sturmereignisse nehmen zu. Die **Verdunstungsrate** erhöht sich dadurch und kann zu extrem niedriger Bodenfeuchtigkeit führen. Mit zunehmenden **Starkniederschlägen** geht die Gefahr von Nährstoffauswaschung, Erosionen, Verschlämmungen der Böden und Überschwemmungen einher.

Nach 2050 zeigen laut ZAMG (Zentralanstalt für Meteorologie und Geodynamik) viele Klimaprojektionen eine zunehmende Ausdehnung des sommertrockenen mediterranen Steppenklimas auf Teile Österreichs.

Ein so stark ausgetrockneter Boden ist bei Starkregenereignissen nicht imstande, die großen Wassermengen innerhalb kürzester Zeit aufzunehmen.

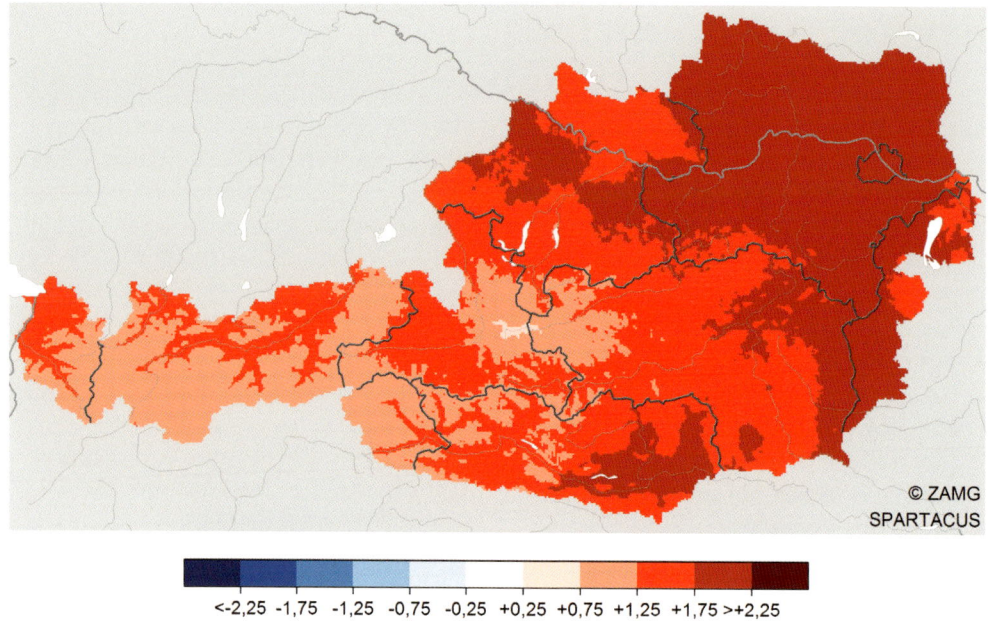

<-2,25 -1,75 -1,25 -0,75 -0,25 +0,25 +0,75 +1,25 +1,75 >+2,25

© ZAMG
SPARTACUS

Abweichung des Jahresmittels der Lufttemperatur vom langjährigen Klimamittel (Referenzwert 1981/2010) im Jahr 2019 in °C.

© ZAMG

Wasser wird regional immer knapper, auch wenn es punktuell sintflutartig vom Himmel fällt. Bei äußerst heftigen Niederschlägen läuft das Wasser sehr schnell ab und kann nicht vom Boden aufgenommen werden.

Aufgrund der milden Winter fällt immer weniger Schnee. Bei der Schneeschmelze sickert Schmelzwasser langsam in den Boden ein. Diese wichtige Wasserspeicherung in den Böden und im Grundwasser fehlt vermehrt in den letzten Wintern.

Effekte auf den Garten

Wenn auch Art und Ausmaß der Klimafolgen heute noch schwer abzuschätzen sind und von den aktuellen und zukünftigen Maßnahmen zum Klimaschutz abhängen, steht doch fest, dass große Auswirkungen auf die Ökosysteme stattfinden. Der **Verlust an Biodiversität** (Artenvielfalt) gehört zu den größten Bedrohungen, die der Klimawandel mit sich bringt, da er in weiterer Folge unsere Ernährungssicherheit beeinträchtigen wird.

Wir Menschen haben uns rasant entwickelt. Wir machen zwar nur 0,01 % der Biomasse der Erde aus, haben aber seit Beginn der Zivilisation 83 % aller wild lebenden Säugetiere, 80 % der Meeressäuger, 50 % der Pflanzen und 15 % der Fische verdrängt. Dabei vergessen wir leicht, dass wir allen Entwicklungen zum Trotz von der Natur abhängig sind. Bei einem vom Menschen verursachten Temperaturanstieg um 1,5–2,5 °C in allen Weltre-

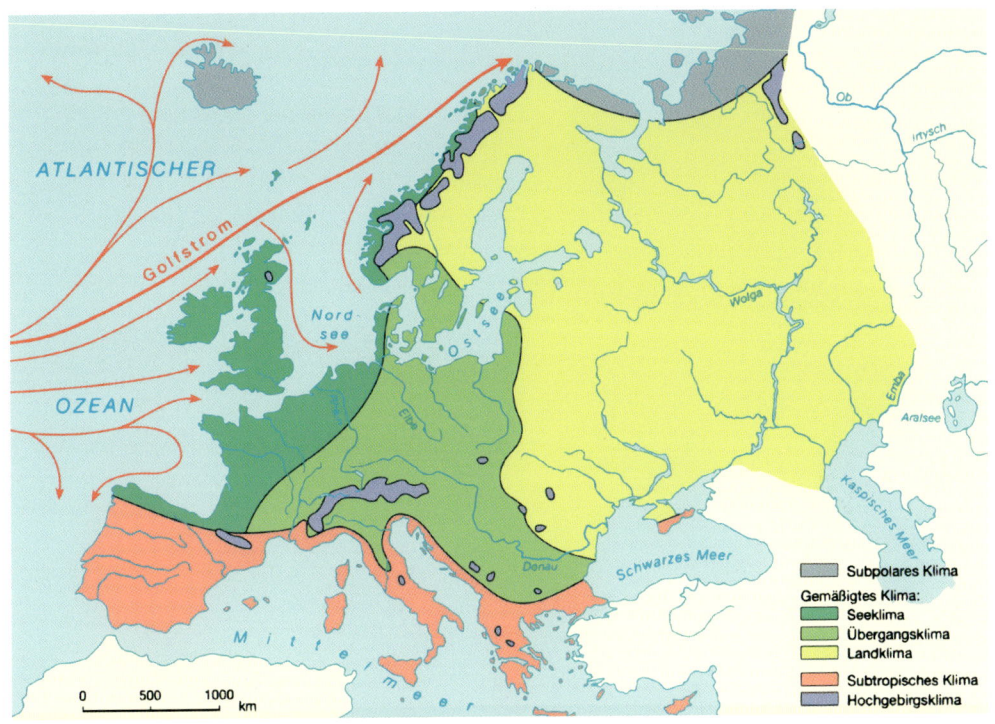

Klimazonen früherer Zeiten: Klimazonen-Klassifikation nach Wladimir Köppen und Rudolf Geiger.

© Archiv

gionen sind negative Folgen zu erwarten. Bis zu 30 % der Tier- und Pflanzenarten sind dadurch vom Aussterben bedroht.

Die **Verbreitungsgebiete** von Arten, die Zusammensetzung von Tier- und Pflanzengesellschaften und die Zusammenhänge in Ökosystemen werden sich stark verändern. Anzeichen für **Arealverschiebungen** gibt es in Mitteleuropa bereits. Generell wandern hier Pflanzenarten nach Nordwesten, kontinentale (Landklima) Arten Richtung atlantischem (See-)Klima, während es mediterrane Arten nach Norden zieht. Pflanzen erobern auch nach und nach neue Höhen. Kurzlebige Arten sind bei diesen Bewegungen generell schneller, langlebige brauchen dazu mehr Zeit.

Eine **Verlängerung der Vegetationsperioden** entsteht durch den früheren Beginn des Frühlings mit teilweise sehr hohen Temperaturen sowie durch die langen milden Herbstzeiten. Damit kommt es teilweise zur früheren Blüten- und Fruchtbildung. Gleichzeitig können Nachtfröste für die früher austreibenden Pflanzen aber auch die Gefahr eines Frostschadens bedeuten. Die Blattfärbung und der Laubfall setzen ebenfalls später ein.
Bei Tageslängenblühern spielt die Tageslänge die entscheidende Rolle – dies ist im Klimawandel ein Nachteil. So treibt Wein als Tageslängenblüher auch bei mehr Wärme nicht früher aus, hat aber durch Sommertrockenheit mit der Ausbildung der Früchte Probleme.

Ein gut belebter Boden ist die Basis für
gesundes Wachstum.
© Natur im Garten/Joachim Brocks

Die Klimaveränderung bedeutet Stress
und reduziert die **Vitalität der Pflanzen.**
Durch extreme Sonneneinstrahlung und
Wassermangel oder Staunässe durch
Starkregen können Schäden entstehen.
Krankheiten und Schädlinge greifen bei
geschwächten Pflanzen leichter an.
Pflanzenstärkung wird daher in Zukunft
eine wichtige Maßnahme im Garten sein.

Ein **gut belebter Boden** sorgt für die best-
mögliche Versorgung der Pflanzen. Die
Qualität der Böden kann sich durch Ver-
schlämmung, Staunässe, Starkregen,
Trockenheit und Erosion verschlechtern.
Verbessert werden die Funktionen des
Bodens hingegen durch eine voraus-
schauende Pflege mit organischer Düngung, die Förderung von Bodenorganismen durch Mulch und die Anreicherung
von Humus.

Längere Vegetationsperioden und höhere
Wärmesummen werden erfreulicherweise
eine **verstärkte Nutzung des Gartens als
Außenraum** und eine größere Pflanzenvielfalt – auch von essbaren Pflanzen –
möglich machen. Zu den Gewinnern zählen etwa Artischocke, Kaki oder Seiden-
baum. Für manche Gärtner/-innen ist es in
unseren Breiten jedenfalls vorteilhaft, dass
die **Gartensaison mehr Vegetationstage
zeigt, im Frühling zeitiger beginnt und
im Herbst länger dauert.**

Die optimale **Wasserversorgung der
Pflanzen** wird die größte Herausforde-
rung. Die Zeit der Niederschläge ver-
schiebt sich. Starkregenereignisse mit gro-
ßem Wasserabfluss werden dominieren.

Das **Zusammenspiel im Ökosystem** ist
allerdings zunehmend gestört. Vögel beginnen früher mit dem Brüten, obwohl für
die Aufzucht der Jungvögel unbedingt be-
nötigte Insekten noch nicht ausreichend
vorhanden sind.
Viele Pflanzen treiben ihre Blüten, wenn es
warm wird und eine bestimmte Summe an
Durchschnittstemperaturen erreicht wird.
Die Blütezeit anhand der Temperatur ist
ökologisch bedeutend, da Fehlpaarungen
zwischen Pflanzen und ihren Bestäubern
zu erwarten sind. So manche Wild-/ Biene
schlüpft in Zukunft unter Umständen
dann, wenn die angestammten Pflanzen
nicht mehr in Blüte stehen.

Auch **starker Wind** kann Ihren Garten-
schätzen schaden. Gehölze, die ihm stets
ausgesetzt sind, wachsen schief heran.
Stürme und Böen lassen Zweige und Äste
brechen. Starker Wind trocknet die Wä-
sche ebenso wie die Blattoberflächen. Bei
hohen Temperaturen und ungenügender
Bodenfeuchtigkeit bringt er eine erhöhte
Transpiration mit sich, die sowohl Pflanzen
wie Boden austrocknet. Bei niedrigen
Temperaturen erhöht Wind zusätzlich die
Gefahr von Erfrierungen.
Pflanzen können im Gegensatz zu uns
Menschen ihren Standort nur sehr langsam über die Fortpflanzung mit Ausläufern
oder Samen verlassen. Die Natur braucht

Stürme können den Aufenthalt unter ungepflegten Gehölzen gefährlich machen. Kontrollen, Pflege und Astsicherungen sorgen dafür bruchgefährdete Bäume zu erhalten. © Margit Beneš-Oeller

länger, um sich auf andere Gegebenheiten einzustellen. Ändert sich das Klima langsam, erfolgt auch die natürliche Anpassung an die geänderten Bedingungen langsam und unmerklich. Der gegenwärtige Klimawandel verläuft allerdings deutlich rascher als früher. Somit werden viele feuchte- und kühleliebende Pflanzenarten wie Rittersporn oder Phlox Probleme bekommen. **Die Vegetation und mit ihr die Tierwelt werden sich verändern.** Gärtnerinnen und Gärtner müssen deshalb daran denken, Pflanzen zu setzen, die sich auch für das Klima im Jahr 2050 eignen.

© Phuong D. Nguyen/Shutterstock.com

© GartenAkademie.com

© Margit Beneš-Oeller

© GartenAkademie.com

Zeitgerechtes Erscheinen? Maiglöckchen und Pfingstrosen haben immer früher ihren Auftritt. Herbstastern und Herbstanemonen zeigen ihre Blüten immer öfter bereits im Sommer.

„Vertikale Gärten" mildern das Lokalklima, sind wegen ihres hohen benötigten Energieaufwandes aber umstritten. Daher sind im Boden wurzelnde Kletterer besser als Trogsysteme. © www.90degreen.com

Was Pflanzen
für das Klima leisten

Gärten und Grünräume sind wichtige grüne **Naherholungsräume** und erfüllen für die Menschheit **zahlreiche Leistungen**. Sie sind ein grüner Schatz. Wertvoll und unverzichtbar beeinflussen sie das Klima in unserer Umgebung und unser Wohlbefinden.

Pflanzen sind ökologische Klimaanlagen

Wo Pflanzen Sauerstoff produzieren, die Luft reinigen, wo sie als Wasserspeicher und gleichzeitig als biologische Klimaanlage dienen, wo ihr grünes Laub ausgleichend und beruhigend wirkt, herrscht eine hohe Lebensqualität. Zu viel Hitze in dieser Stadt? Je dichter ein Gebiet verbaut ist, umso höhere Temperaturen werden im Sommer erreicht. Häuser, Dächer und Straßen heizen sich auf und strahlen die Wärme bis spät nachts ab. In dicht verbauten Gebieten ist es im Schnitt 5 °C wärmer als auf dem Land.

Wenn Sonnenstrahlung auf Pflanzen trifft, nehmen diese sie auf und beginnen Sauerstoff zu produzieren. Daneben „schwitzen" Pflanzen. Die so entstehende Feuchtigkeit verdampft und kühlt

Ökosystemleistungen

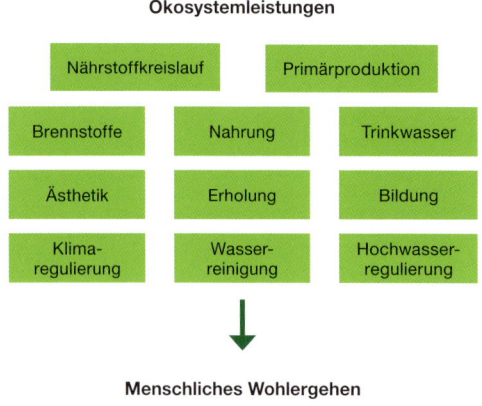

Nährstoffkreislauf	Primärproduktion
Brennstoffe	Nahrung	Trinkwasser
Ästhetik	Erholung	Bildung
Klima-regulierung	Wasser-reinigung	Hochwasser-regulierung

Menschliches Wohlergehen

Wohlbefinden	sozialer Zusammenhalt	Unterkunft
	Sicherheit vor Katastrophen	
Zugang zu Ressourcen		Nahrungsmittel-sicherheit

Überblick möglicher Ökosystemleistungen. Des Weiteren sind einige der Bestandteile menschlichen Wohlergehens, die diese Leistungen beeinflussen, ablesbar.

© Studie zur Ökonomie von Ökosystemen und Biodiversität, TEEB 2012

die Umgebung und auch die Pflanze selbst. Die Oberflächentemperatur eines Blattes ist dabei kaum höher als die Umgebungslufttemperatur und verursacht so kaum Wärmeabstrahlung. Ein **Mix an Begrünungen** sorgt für eine natürliche Kühlung in heißen Perioden. Vor allem Gehölze wie Bäume und Sträucher erfüllen hier eine wichtige Funktion, indem sie durch Evapotranspiration und Beschattung ihre Umgebungstemperatur reduzieren.

Kühlung durch Verdunstung:
Der Überbegriff Evapotranspiration ist die Summe der Verdunstung von Wasser – von Oberflächen wie Boden und Blättern – und Transpiration, dem Austritt von Wasser aus den Spaltöffnungen der Blätter. Diese erhöht nicht nur die Luftfeuchtigkeit, sondern entzieht der Umgebung Energie und kühlt diese dadurch ab. Solange Pflanzen **genügend Wasser bekommen**, liefern sie an heißen Sommertagen also

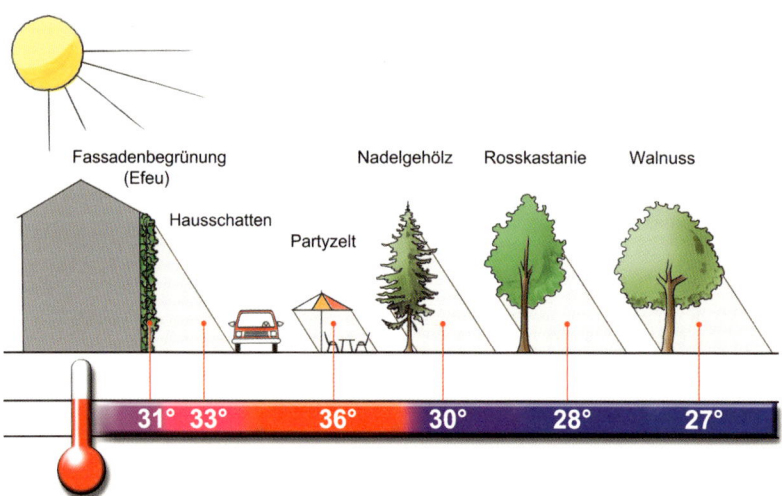

Pflanzen sind die besten Schattenspender: Verglichen mit dem Schatten unterm Sonnensegel war es unter Pflanzen bis zu 9 °C kühler, gefühlt wären es bis zu 15 °C weniger. Auf der Sonnenseite würden Kletterpflanzen die Hitzeentwicklung auf der Fassade durch die Schattierung stärker reduzieren.

© Natur im Garten/Leopold Mayrhofer (Daten-Quelle: www.baum-kataster.at)

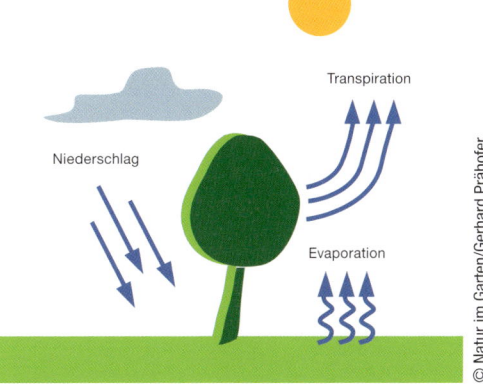

spürbar angenehme **Verdunstungskälte**. Nadelbäume verdunsten im Sommer weniger Wasser als Laubbäume, dafür im Winter mehr.

Kühlung durch Beschattung:
Eine **optimale Gestaltung und Pflanzen-auswahl** verhelfen in heißen Zeiten zu **beschatteten Gärten und Gebäuden**. Sie kühlen damit direkt vor Ihrem Zuhause merklich die Umgebung. Ein Blatt wird oberflächlich kaum wärmer als die Temperatur der Umgebungsluft. Durch die zusätzliche Beschattung vermindert es die Aufheizung von umgebenden Oberflächen.

Besonders **Bäume** zeigen eine große Wirkung. Forscher der niederländischen Universität Wageningen beziffern die Kühlleistung eines Baumes mit 20 bis 30 Kilowatt, was etwa zehn Klimaanlagen entspricht. Ein großer Baum kann so die gefühlte Umgebungstemperatur um gefühlte 10 bis 15 °C senken. (Quelle: www.klimafonds.gv.at/)

© Natur im Garten/Joachim Brocks

Transpiration

Niederschlag

Evaporation

© Natur im Garten/Gerhard Prähofer

Evapotranspiration ist die Summe aus der Wasserverdunstung von Oberflächen und aus den Spaltöffnungen der Blätter.

Eine begrünte Fassade kühlt im Sommer und verhindert im Winter übermäßige Wärmeabstrahlung.
© Margit Beneš-Oeller

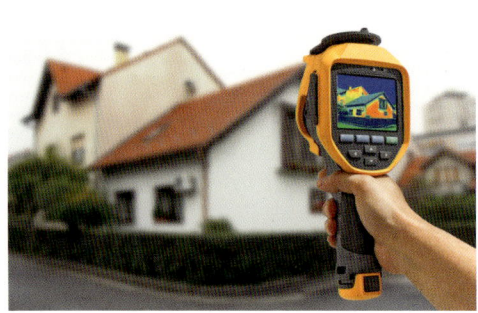

Die Abbildungen der Infrarot-Kamera zeigen deutlich die Wärmeverluste wegen fehlender Wärmedämmung. Pflanzen dämpfen Temperaturunterschiede.

© Ivan Smuk/Shutterstock.com

Pflanzen reduzieren Windbelastungen

Durch eine gezielte Bepflanzung von Hecken, Sträuchern und Kletterpflanzen können Windgeschwindigkeiten reduziert werden. Dies schützt vor kalten Winden, Erosion und Austrocknung der geschützten Gartenbereiche.

Zu massive Widerstände wie Mauern lenken den Wind nach oben und führen auf der Rückseite zu Unterdruck und Verwirbelungen. Im Gegensatz dazu sind Pflanzen winddurchlässig, und während die Luft durchströmt, hemmen sie den Wind. Weniger starker Wind bedeutet weniger Verdunstung und eine erhöhte Bodenfeuchte, die als zusätzliche Reserve für Trockenperioden dient.

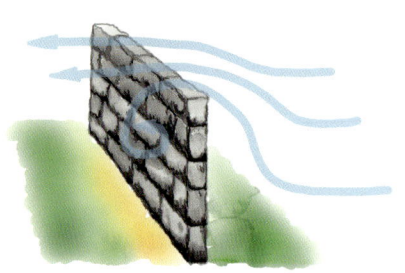

Im Gegensatz zu einer Mauer kann Wind eine Hecke durchströmen und wird dabei gebremst.

© GartenAkademie.com

Durch den Wind? Bäume, Sträucher und Hecken bremsen den Luftstrom.

© Margit Beneš-Oeller

Pflanzen verbessern die Luftqualität

Pflanzen speichern Kohlenstoff (C) und reduzieren das klimaschädliche Treibhausgas Kohlendioxid (CO_2):

Durch den Aufbau ihrer Biomasse fixieren Pflanzen Kohlenstoff. Eine Erhöhung des Grünanteils – mit Bäumen und Großsträuchern – leistet so einen wichtigen Beitrag zum Klimaschutz. Dass abgestorbenes Pflanzenmaterial in Form von Dauerhumus ein extrem wichtiger Kohlenstoffspeicher ist, zeigt sich allein dadurch, dass Feuchtgebiete und Moore deutlich mehr Kohlenstoff binden als alle anderen Lebensräume. Torf muss in Mooren verbleiben, weil er beim Abbau massiv CO_2 freisetzt und Moore eine einzigartige Pflanzen- und Tierwelt beheimaten. (s. Seite 43)

Pflanzen reduzieren Schadstoffe in der Luft:

Feinstaub, Stickstoffdioxid, bodennahes Ozon und andere Luftschadstoffe haben im Jahr 2016 mehr als 400.000 vorzeitige Todesfälle in Europa verursacht, so eine Studie der Europäischen Umweltagentur EEA. Luftverschmutzung führt zu Gesundheitsproblemen und einer geringeren Lebenserwartung, aber auch zu wirtschaftlichen Einbußen, etwa durch wachsende Kosten im Gesundheitssektor und geringere Ernteerträge. Pflanzen tragen zur Bekämpfung feinster Partikel und gasförmiger Schadstoffe bei, denn sie sind in der Lage, Feinstaub und Schadstoffe an sich zu binden.

Moore sind einmalige Ökosysteme, die trotz ihrer kleinen Fläche den meisten Kohlenstoff binden.

© Margit Beneš-Oeller

Pflanzen filtern Feinstaub sowie Schadstoffe und erhöhen den Sauerstoffgehalt. Sie tragen so zu einer wesentlichen Verbesserung der Luftqualität bei.

© Roman Babakin/Shutterstock.com

Pflanzen produzieren Sauerstoff:

Pflanzenlaub schluckt die Sonnenstrahlung als natürliche „grüne Klimaanlage" und produziert Sauerstoff. Durch die Fotosynthese entstehen Zucker und Sauerstoff. Wasser wird durch die Blätter verdunstet.

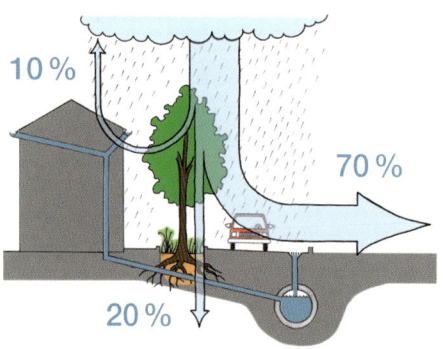

Abfluss bei stark versiegelten Flächen.

© Natur im Garten/Leopold Mayrhofer, nach Christian Härtel, Wiener Umweltschutzabteilung – MA 22

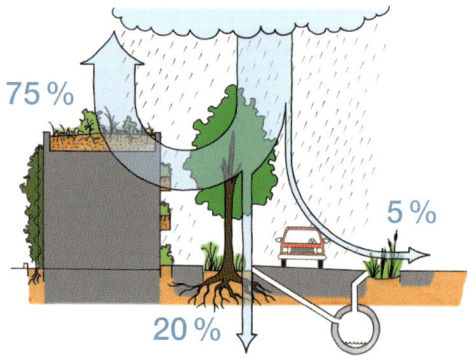

Abfluss naturnah gestalteter, offener Flächen.

© Natur im Garten/Leopold Mayrhofer, nach Christian Härtel, Wiener Umweltschutzabteilung – MA 22

Pflanzen puffern die Auswirkungen von Starkregen ab

Am 20. Juni 2012 fielen in Hocheck in Ober-österreich in 15 min. 48,3 mm (= l) pro m², was ca. 5 Kübeln Wasser pro m² entspricht. Wenn dann die Bodenoberfläche, wie in Siedlungsgebieten üblich, zu 75 % (40 % in Einfamilienhaussiedlungen, bis zu 90 % bei Gewerbegebieten) mit künstlichen Baumate-rialien versiegelt und stark verdichtet ist, hat das katastrophale Auswirkungen: Treffen große Wassermengen auf versiegelte Ober-flächen, kommt es zu verstärktem Wasser-abfluss mit erhöhter Überflutungsgefahr. Gesunde Böden, vitale Bepflanzungen und regenwasserrückhaltende Gestaltungen wie Versickerungsmulden und Neigungen von Wegen in Richtung Bepflanzung können wie ein Schwamm wirken. Ein Großteil des Wassers kann so vor Ort im Boden und Grundwasser gespeichert werden. Der Abfluss in die Kanäle und Vorfluter wird ver-ringert und Hochwasserspitzen reduziert. Einen wichtigen Beitrag leisten hier auch begrünte Flachdächer (s. Seite 55). Die Vegetation kann solcherart gespeicher-tes Wasser in Trockenzeiten nutzen und kühlend verdunsten.

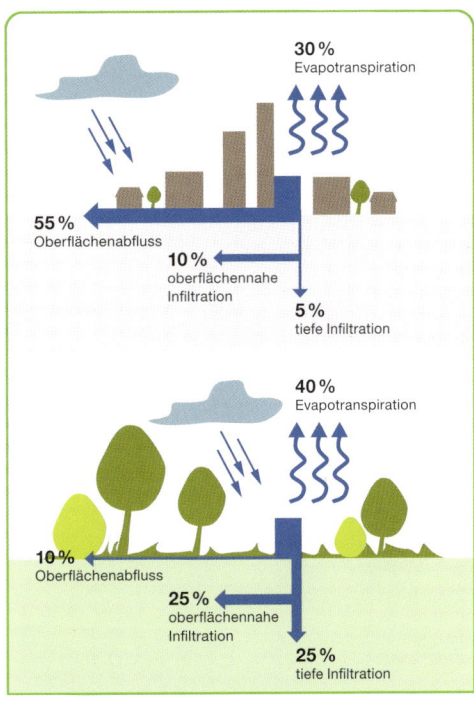

Verhältnis von Verdunstung und Versickerung in stark befestigten Gebieten (oben) und relativ natürlichen Gebieten mit unbefestigten Ober-flächen (unten).

© Natur im Garten/Gerhard Prähofer

Abwechslungsreich: Grünflächen mit trockenheitsverträglichen Stauden erobern die Stadt.

© GartenAkademie.com

Eine große Pflanzenvielfalt macht einen Naturgarten auch zum Paradies für Nützlinge.
© Connie Fitzgerald/Shutterstock.com

Die Gestaltung von Gärten
für die Zukunft

Der Garten ist nicht nur für uns Erholungs-
raum und Nahrungsspender, er bildet
auch wertvolle Refugien für viele Tier-
und Pflanzenarten. Darüber lässt sich hier
aktiv Umwelt- und Klimaschutz betreiben.
Nachhaltige Lösungen sind sowohl in der
Gestaltung wie in der Pflege naturnaher
Gärten zu finden.

Was können Sie im Garten gegen die Klimaänderung und deren Folgen tun?
Eine gute gärtnerische Praxis hilft bei der
Minimierung der Auswirkungen des Klima-
wandels. Damit die Freude an Gärten er-
halten bleibt, muss auf Veränderungen mit
Köpfchen reagiert werden. Mit vielen

Schritten, die zukunftsorientierten Gärtnern und Gärtnerinnen nicht viel abverlan-
gen, kann den negativen Auswirkungen im
Garten, auf Balkon und Terrasse, aber
auch in Vorgärten und beim öffentlichen
Grün entgegengewirkt werden. Dazu gehören eine angepasste Gartengestaltung,
die richtige Pflanzenauswahl und Pflege.
Wer seinen Garten in diesem Sinn naturnah anlegt und bewirtschaftet, wird nicht
nur viel Freude am kleinen Paradies vor
der Haustür finden, sondern leistet gleichzeitig seinen Beitrag zum Klimaschutz.
Denn: Jeder noch so kleine Beitrag, jede
Maßnahme, jede Pflanze ist im Kampf
gegen den Klimawandel wichtig.

Gärten klimafit bepflanzen

Der Klimawandel stellt Pflanzen wie auch Menschen, die Pflanzen züchten, produzieren und pflegen, vor neue Herausforderungen: Hitze und Trockenheit bedeuten für Pflanzen Stress. Folgen sind geschwächte Pflanzen und geringere Ernten. Um dem entgegenzuwirken, setzen Sie möglichst viele klimataugliche Pflanzen. In den folgenden Kapiteln erfahren Sie, welche Arten sich besonders gut eignen. Die Auswahl ganz im Sinne der Vielfalt soll aber nicht bedeuten, es nicht auch mit anderen Pflanzen zu versuchen.

Zukunftsträchtig: Der attraktive Judasbaum bildet zahlreiche „stammbürtige" Blüten.

© Natur im Garten/Alexander Haiden

Ein naturnaher Garten sollte generell **vielfältig und variantenreich bepflanzt** werden, zudem ist es sinnvoll, **einheimische und ökologisch wertvolle Pflanzen** zu bevorzugen. Im Gegensatz zu exotischen Arten aus feuchteren Gebieten, die sich oft jetzt schon am Limit befinden, kommen die meisten heimischen Arten noch gut mit den veränderten Bedingungen zurecht. Passen sie zu Standort und Boden, wird auch ein trockenes und heißeres Jahr leichter überstanden.

Neue Arten werden dazukommen, die ebenfalls **klimatauglich** und ökologisch wertvoll sind. Mit Hopfenbuche (Ostrya), Judasbaum (Cercis) oder Perückenstrauch (Cotinus) werden nahe Arten aus dem Mittelmeerraum zukünftig bei uns besser gedeihen als manche der heimischen Arten. **Robuste Sorten,** die an Klima, Boden und Standort gut angepasst sind und wenig Pflege brauchen, verlangen oft auch bereits bei der Produktion weniger Aufwand. Weil sie bei der Gärtnerei **aus der Region** erhältlich sind, werden sowohl bei Produktion, Transport wie bei der Pflege der Gewächse Energie und damit CO_2 gespart. Mit dieser Auswahl sorgen Sie für ein optimales Anwachsen und damit für eine dauerhafte pflegeleichte Bepflanzung, an der Sie viele Jahre bis Jahrzehnte Freude haben werden.

Die richtige Pflanzenwahl verringert auch die benötigten Gießmengen, schafft Schattenplätze und bereichert Gärten durch Blüherlebnisse und zahlreichen Insektenbesuch von Schmetterlingen, Holzbienen und Co. Besonders mit insektenfreundlichen (Wild-)Stauden kann eine Gartenanlage aufgebessert werden, da

Kräuterrasen bieten neben sattem Grün auch Blüherlebnisse. © Natur im Garten/Alexander Haiden

diese allgemein sehr vital sind. **Wiesen und Kräuterrasen** sind robuster als Englischer Rasen. Diese Gartenelemente benötigen kaum Wasser, erfreuen unsere Augen durch Blüten und liefern der Tierwelt willkommene Nahrung und Unterschlupf.

Eine längere Vegetationsperiode lässt den Bedarf an Nährstoffen und Wasser steigen.

Pflanzen aus der Nähe

Schauen Sie sich um, ob die ortsansässige Gärtnerei gewünschte Pflanzen anbietet, oder ziehen Sie diese selbst aus Samen. Tauschen Sie mit Ihren Nachbarn, Verwandten oder Freunden Pflanzen. Das tut nicht nur dem Klima gut, sondern auch der Erhaltung regionaler Sorten.

Vor zu viel Verdunstung in den Beeten schützt eine **Mulchschicht.** Welche Materialien sich dafür eignen, lesen Sie im Kapitel Boden und Kreislaufwirtschaft auf Seite 47.

Obstbäume, Beerensträucher und ein **Gemüsebeet** finden in fast jedem Naturgarten Platz. Selbst gezogene, gesunde Lebensmittel kommen so immer frisch auf den Tisch. Sie schmecken köstlich, sind frisch geerntet und haben noch alle wertvollen Inhaltsstoffe. Beim Eigenanbau von Obst, Gemüse und Kräutern ist der Transport gleich null und damit ein aktiver Beitrag zum Klimaschutz.

Ein **Mix an Begrünungsmaßnahmen** mit Bäumen, Sträuchern, Staudenbeeten, Dach- oder Fassadenbegrünungen sowie Kräuterrasen, Gemüse- und Kräutergarten ergibt ein riesiges Potenzial, um mehr Grün in unsere Gärten zu bringen. Sorgen Sie für so viel Pflanzengrün wie möglich.

Pflanzen Sie für die Zukunft!
© Natur im Garten/Alexander Haiden

Auf den Standort kommt es an!

Jeder Garten ist einzigartig. Die unterschiedlichen Mikroklimafaktoren werden durch Niederschlagsmengen und Temperatur bestimmt, die sich mit Seehöhe, Lichtverhältnissen, Bepflanzung und Bebauung schnell ändern können.

Nur wer die Standortfaktoren im Garten kennt, kann ihn optimal bepflanzen und gestalten.
Norden bedeutet meist schattig, Süden vollsonnig, Halbschatten im Westen bringt Abendsonne, im Osten Morgensonne. Windgeschützte Senken können gemütlich warm sein; sind sie schattig, hält sich dort hingegen die Kälte. Liegt ein Garten auf der windabgewandten Seite einer Anhöhe, sind dort weniger Niederschläge zu erwarten als auf der windzugewandten Seite. Der Boden prägt den Standort durch seine Qualität, Bodenart, Beschaffenheit sowie Feuchtigkeit.

Beachten Sie die Pflanzenansprüche Ihrer Gartenschätze beim Kombinieren.

© Natur im Garten/Joachim Brocks

Klimatipp

Hier gefällt es mir

Setzen Sie geeignete Pflanzen an den passenden Standort, damit Ihre Grünoase vital und gesund gedeihen kann. Beachten Sie beim Kombinieren von Pflanzen, dass sie die gleichen Ansprüche haben sollten.

Bäume – wertvolle Schattenspender und Klimaregulatoren

Besonders Bäume sorgen für ein erholsames grünes Wohnumfeld und mehr Lebensqualität. Es gibt keine bessere „Klimaanlage" als das Laubdach eines alten Baumes. Es tut einfach gut, diese Lebewesen speziell an heißen Tagen in unserer Nähe zu wissen. Spürbar werden die positiven Klimaeffekte durch die Verringerung der Temperatur und eine erhöhte Luftfeuchtigkeit, die Bäume bewirken.

Ein Teil der an den Blattoberflächen reflektierten Strahlung kann nicht bis zum Boden vordringen. Neben der sichtbaren Strahlung werden bis zu 40 % der infraroten Wärmestrahlung reflektiert. Auch hautschädigende UV-Strahlung wird von großen dichten Kronen bis zu 90 % reduziert. Begünstigt wird der Effekt durch mit Wachsschichten überzogene, glänzende oder dicht behaarte Blätter. Beschattende Blattoberflächen sorgen so für Temperaturreduktionen um 11–30 °C im Vergleich zu den Oberflächen der Umgebung. Der Kühleffekt ist aber nicht nur direkt in Baumnähe, sondern durch das verbesserte Mikroklima der gesamten Umgebung deutlich spürbar.

Kühlung

Nahrung

Raumwirkung

Identifikation

Sauerstoffproduzent

Bodenerhalter

Baustoff

Immobilienwert

Erholung

Baustoff

Lärmschutz

Die ausgewählten Ökosystemleistungen eines Baumes sind vielfältig; durch Technik ersetzt kämen sie teuer.

© Wolfgang Filser/Shutterstock.com

Bäume kühlen aktiv durch Verdunstung.
In heißen Sommern sucht der Mensch gerne
ihren Schatten.

© Margit Beneš-Oeller

Je größer die Baumkronen und je dichter die Blattfläche, desto stärker ist die Kühlwirkung. Aber auch die jeweilige Baumart und ihre Reaktion auf Trockenheit beeinflussen den Kühleffekt. Eine Birke verdunstet bei großer Hitze weit über 100 l Wasser pro Tag, eine Fichte nur ca. 10 l. Durch die Beschattung von Gebäuden leisten Bäume auch einen Beitrag zur Reduktion der Rauminnentemperatur und damit für ein angenehmes Raumklima. Sehr artabhängig bzw. auch individuell unterschiedlich fällt der Durchmesser des Wurzelraums aus: Pfahlwurzler benötigen mitunter eine kleinere Fläche als ihre Kronentraufe überspannt. Flachwurzler nehmen unterirdisch meistens eine größere Fläche in Anspruch.

Beeindruckend ist: Ein Baum mit einer Wurzelmasse von 300 bis 500 kg durchzieht damit rund 50 t Erde und verhindert den Abfluss von 70.000 l Wasser pro Jahr. Quelle: „Natur im Garten" Klimabaum-Broschüre

 *Klimatipp*

Genügend Wurzelraum

Wichtig ist, den Bäumen ausreichend großen Wurzelraum zur Verfügung zu stellen und Beschädigungen des Stammes und der Wurzeln zu vermeiden. Das verwendete Substrat sollte strukturstabil sein, also dauerhaft Hohlräume für Wasser und Luft im Boden liefern.

© TVGD/Shutterstock.com

Die Baumpyramide

Einen Überblick zum Umgang mit Bäumen gibt diese Baumpyramide:

Art/Sorte
Wuchshöhe,
Kronenform,
Blütenfarbe …

Pflanzung
Transport, Pflanzung,
Schnitt, Pflege,
Bewässerung,
Verarbeitung

Boden/Substrat
Wasser- und Luftdurchlässigkeit,
Strukturstabilität, Kornverteilung,
Nährstoffe, Wasserhaltevermögen …

Standort
Licht, Temperatur, Kleinklima, Wurzelraum,
Lichtraumprofil, (Straßen-)Unterbau …

Die wichtigsten Kriterien für die Baumauswahl sind die **Standortfaktoren** als Basis der Pyramide. Dann folgen **Boden, Substrat** und alles, was mit der **Pflanzung** zu tun hat. Diese Teile der Pyramide wirken wesentlich auf die Lebensdauer der Gehölze! Die **Auswahl** der geeigneten **Baumart bzw. -sorte** steht an der Spitze und

erfolgt **als letzter Schritt**. Dabei werden Funktionen, artspezifische Eigenschaften oder das Erscheinungsbild abgewogen. Wie soll ein Baum architektonisch wirken, soll er in die Höhe streben oder eher ausladend sein? Soll er einen Ort hervorheben oder sich diesem unterordnen? Soll er durch attraktive Blüten, besondere Laubfärbung oder besondere Früchte alle Blicke auf sich ziehen?

Auch die **Größe im ausgewachsenen Zustand** muss bedacht werden. Groß aufwachsende Bäume dorthin zu pflanzen, wo nur Platz für kleine ist, ist unsinnig, denn hier wird ein hoher Pflegeaufwand durch häufige Schnittmaßnahmen notwendig sein, was der Baumgesundheit schadet. Auch die jeweilige Wüchsigkeit steht im Fokus.
Abhängig von Art und Sorte können Triebe jährlich von wenigen Zentimetern (z. B. Blumenesche) bis zu einem Meter (z. B. Birke oder Pappel) wachsen.

Der Baumnavigator hilft beim Suchen

Nehmen Sie sich Zeit für's Aussuchen Ihrer Bäume, damit Sie lebenslang Freude daran haben. Unter www.willBAUMhaben.at können Sie kostenlos eine Auswahl treffen. Sie finden hier ökologisch wertvolle Arten und Sorten, die Sie zusätzlich nach Klimatoleranz filtern können.

www.willBAUMhaben.at

Sträucher als Mini-Klimaanlagen

Heimische Sträucher sind anspruchslos und widerstandsfähig, auch gegen witterungsbedingte Einflüsse und Schädlinge. Zudem ist für jeden Gartenstandort etwas dabei. Wildstrauchhecken bestehen aus heimischen Gehölzen, die auch in der Natur wild vorkommen.

Naturhecken gestalten den Garten abwechslungsreicher und ökologisch wertvoller. Sie bieten Nist-, Schlaf-, Versteck- und Überwinterungsplätze für die heimische Tierwelt. Damit sind sie ein wertvoller Lebensraum mit einem Reichtum an Blüten, Blättern und Beeren, aber auch wichtige Nahrungsquelle für Nützlinge wie Vögel, Schmetterlinge, Schwebfliegen, Käfer und viele mehr. Heimische Gehölze beherbergen eine größere Tierartenzahl als Exoten, weil sich über Jahrtausende Beziehungen zwischen den Arten entwickeln konnten. Achten Sie bei der Planung auf Blütezeitpunkt und -farbe, Fruchtaspekt und Herbstfärbung, so können Sie übers ganze Jahr Farbinseln in den Garten zaubern.

Durch Abwechslung entsteht Blütenreichtum.

© Natur im Garten/Alexander Haiden

Hecken und Sträucher bieten nicht nur einen grünen Sichtschutz in der Vegetationszeit. Richtig platziert reduzieren sie auch Windgeschwindigkeiten und schaffen schattige Bereiche, Räume und Nischen in Ihrer Grünoase.

Das Laub wird im Herbst einfach unter die Hecke gerecht. Das spart viel Arbeit, schützt den Boden, gibt der Hecke Nährstoffe zurück und bietet vielen Tieren dringend notwendigen Unterschlupf und Winterquartier. Am Heckenrand kann ein Saum aus Stauden ein wertvoller Rückzugsraum sein, der zusätzlich Lebensraum für viele ökologisch wertvolle Pflanzen- und Tierarten bietet.

Diese Drossel genießt die reifen Felsenbirnen.

© Bildagentur Zoonar GmbH/Shutterstock.com

Klimatipp

Der Mix macht's

Mischen Sie möglichst viele heimische Straucharten. Viele Wildsträucher eignen sich bestens als Nasch-, Marmeladen-, Insekten- oder Vogelnährhecke.

Klimafitte Sträucher

Deutscher Name	Botanischer Name	Standort	Anmerkung
Felsenbirne	*Amelanchier*	○ – ◑	In allen Jahreszeiten schöne Fruchtsträucher
Gewöhnliche Berberitze	*Berberis vulgaris*	○ – ●	Essbar, aber dornig
Schmetterlingsstrauch	*Buddleja* (alle außer der invasiven *B. davidii*)	○	Insektenmagnet
Schönbeere	*Callicarpa*	○ – ◑	Lila oder weiße Beeren
Bartblume	*Caryopteris*	○	Späte Insektenweide, Rückschnitt im Frühling
Dirndlstrauch	*Cornus mas*	○ – ◑	Frühlingsweide, kostbares Herbstobst
Roter Hartriegel	*Cornus sanguinea*	○ – ◑	Rote Rinde an jungen Trieben als Winterschmuck
Hasel	*Corylus*	○ – ●	Schnell wachsend
Filzige Zwergmispel	*Cotoneaster tomentosus*	○ – ●	Heimischer Vertreter exotischer Verwandschaft
Weißdorn	*Crataegus*	○ – ●	Insektenweide
Mispel	*Crataegus germanica*	○ – ◑	Geerntete Früchte durchfrieren lassen
Ginster	*Cytisus, Genista* je nach Boden	○	🌿 Duftende Hummelpflanzen
Ölweide	*Eleganus*	○ – ◑	Teils immergrüne Dufter
Pfaffenhütchen	*Euonymus*	○ – ●	Das Brot des Rotkehlchens im Winter
Faulbaum	*Frangula alnus*	○ – ●	Dauerblüher für Wildbienen, Vögel & Zitronenfalter
Sanddorn	*Hippophae rhamnoides*	○ – ◑	Vitaminreiche „Beeren"
Gewöhnlicher Wacholder	*Juniperus communis*	○ – ◑	🌿 Immergrünes Vogelbrutgehölz
Gewöhnlicher Liguster	*Ligustrum vulgare*	○ – ●	🌿 Duftet, für jeden Zweck geeignet
Bitterorange	*Poncirus trifoliata*	○ – ◑	🌿 Sehr dornige Zitronenart
Zwergweichsel	*Prunus fruticosa*	○	Saure Früchte im Juli
Steinweichsel	*Prunus mahaleb*	○ – ◑	Sehr hartes Holz
Schlehdorn	*Prunus spinosa*	○ – ◑	Veredelte Sorten ohne Ausläufer
Zwergmandel	*Prunus tenella*	○	Veredelte Sorten ohne Ausläufer
Birnen	*Pyrus*	○ – ◑	Beliebtes Obst
Purgier-Kreuzdorn	*Rhamnus cathartica*	○ – ◑	Für Bienen, Vögel, Zitronenfalter wichtig
Johannisbeere (Rote, Schwarze & Gold-)	*Ribes*	○ – ◑	Fruchtertrag auf Jahre
Stachelbeere	*Ribes uva-crispa*	○ – ●	Mehltauresistente Sorten wählen
Wildrose	*Rosa*	○	Insektenweide, Hagebutten als Herbstschmuck
Brombeere	*Rubus* sect. Rubus	○ – ◑	🌿 Stachellose Sorten wählen
Himbeere	*Rubus idaeus*	○ – ◑	In Wärmegebieten nur an feuchten Standorten
Weide	*Salix*	○ – ●	Brauchen Feuchtigkeit, keine alpinen Arten; wichtigste Raupenpflanze und Bienenweide; weibliche Pflanzen wählen
Schwarzer Holunder	*Sambucus nigra*	○ – ●	Früchte sind gekocht ein Genuss
Vogelbeere	*Sorbus aucuparia*	○ – ◑	In Wärmegebieten nur an feuchten Standorten Vogel- & Insektenmagnet
Eibe	*Taxus*	○ – ●	🌿 Sehr schnittverträglich, universell einsetzbar
Wolliger Schneeball	*Viburnum lantana*	○ – ●	Vogel- & Insektenmagnet
Mönchspfeffer	*Vitex agnus-castus*	○	Bienenweide mit schönem Laub

🌿 (Halb-)Immergrün   ○ Sonnig   ◑ Halbschattig   ● Schattig

Klein, aber oho –
Stauden und Kräuter

Mit den richtigen Pflanzenschätzen können Sie sich in allen Wetterlagen entspannt zurücklehnen. Stauden- und Kräuterbereiche bieten das ganze Jahr Naturerlebnisse und locken zahlreiche Insekten an. Diese Pflanzen sind pflegeleicht und benötigen bei der richtigen Pflanzenauswahl wenig Wasser. Kräuter wie Rosmarin, Thymian, Salbei und Co. sind sogenannte Halbsträucher und verholzen nur teilweise. Stauden wie Schafgarbe, Katzenminze oder hohe Fetthenne sind mehrjährige Pflanzen, die nicht verholzen und jedes Jahr wieder neu austreiben.

Staudenbeete sollten Sie möglichst dicht bepflanzen, sodass der Boden durch die Blätter vor Verdunstung geschützt wird. Einmal eingewachsen, brauchen Stauden wenig Pflege.
Auch bei Beetgestaltungen sollten Sie besonders robuste Pflanzen/Überlebenskünstler wählen.

Klimatipp

Mehr Blüten

Staudenbeete mit ungefüllten Blüten als Insektennahrung sind der ideale Ersatz für Rasen; diese Blumeninseln kommen mit Hitze und Trockenheit viel besser zurecht.

© Margit Beneš-Oeller

Nützen Sie blattzierende Arten, um kontrastreiche Gestaltungen zu erzielen.

© Margit Beneš-Oeller

Klimafitte Stauden für sonnige Standorte

Duftnessel	*Agastache*	Bienenweide mit Anisduft
Malve	*Alcea, Althea, Lavatera, Malva*	Färbepflanze mit Heilwirkung
Lauch	*Allium*	Blühkugeln als Insektenmagnet; Schwefelverbindungen stärken Nachbarn gegen Pilzerkrankungen
Steinkraut	*Alyssum saxatile*	Gelber Frühlingsgruß für Insekten
Graslilie	*Anthericum*	Zierlich, aber stark im Nehmen
Aster	*Aster*	Weites Blütenspektrum
Indigolupine	*Baptisia*	Viele Farben ziehen Hummeln an
Ochsenauge	*Buphthalmum salicifolium*	Für magere Böden: gelbe Blüten
Glockenblume	*Campanula*	Viele Wildbienenarten sind davon abhängig
Distel	*Carduus, Cirsium, Cynara, Dipsacus, Echinops, Eryngium*	Es gibt auch feuchteliebende Arten; kratzig, aber ein Segen für die Tierwelt
Nelke	*Dianthus, Lychnis, Silene*	Viele Dufter für Falter & Co.; keine alpinen Arten
Diptam	*Dictamnus albus*	Zitrusduftende Blätter, aber Vorsicht: phototoxisch!
Natternkopf	*Echium*	Toller Insektenmagnet
Wasserdost	*Eupatorium*	Perfekter Spätsommerblüher; für feuchtere Standorte, keine invasiven weißblühenden Arten
Wolfsmilch	*Euphorbia*	Manche immergrün; in allen Größen für jeden Standort
Prachtkerze	*Gaura*	Drainage gegen Winternässe günstig
Storchschnabel	*Geranium*	Manche immergrün
Schleierkraut	*Gypsophila*	Lockere Blütenwolken
Taglilie	*Hemerocallis*	Essbare Blüten
Purpurglöckchen	*Heuchera*	Hellblättrige Sorten nur im Schatten
Funkie	*Hosta*	Je schattiger, desto trockenheitstoleranter
Waldfetthenne	*Hyloptelephium (Sedum telephium)*	Auch im Winter attraktive Fruchtstände
Bart-Schwertlilie	*Iris* Hybriden	Kurzer fulminanter Auftritt
Schönaster	*Kalimeris incisa*	Gut für Insekten
Lein	*Linum*	Blüht vormittags & liefert Vogelsamen
Blauroter Steinsame	*Lithospermum purpurocaeruleum*	Ultramarin blühender Bodendecker
Katzenminze	*Nepeta*	In allen Höhen nicht nur bei Katzen beliebt
Nachtkerze	*Oenothera*	Für alle Nachtaktiven
Pfingstrose	*Paeonia*	Kurzer fulminater Auftritt
Brandkraut	*Phlomis*	Schönes Laub und Blütenstände im Winter
Sonnenhut	*Rudbeckia*	Der Herbstklassiker
Salbei (Steppen-, Wiesen-, Quirlblütiger Salbei)	*Salvia*	Bei Bienen beliebt
Skabiosen	*Scabiosa, Cephalaria*	Wichtig für Sandbienen & Widderchen
Herbst-Helmkraut	*Scutellaria incana*	Kann Ausläufer treiben
Königskerze	*Verbascum*	Prächtige Riesen
Eisenkraut, Verbene	*Verbena bonariensis, V. hastata, V. rigida*	Exoten mit Wert für Schmetterlinge & Hummeln
Ehrenpreis-Arten	*Veronica spicata, V. teucrium*	Heimische Arten in den Garten
Kandelaber-Ehrenpreis	*Veronicastrum*	Insektenweide für feuchtere Standorte

Klimafitte Stauden für halbschattige Standorte

Geißbart	*Aruncus*	Was für eine Insektenweide
Hohe Sterndolde	*Astrantia*	Sommerfarbe für das Staudenbeet
Wald-Frauenfarn	*Athyrium filix-femina*	Selbstaussaat
Bergenie	*Bergenia*	✅
Glockenblume (Nessel- und Pfirsichblättrige, Wald-)	*Campanula*	Viele Wildbienenarten sind davon abhängig
Alpenveilchen	*Cyclamen*	✅ Bunte Blätter auch im Winter
Elfenblume	*Epimedium*	Laubschlucker in fast allen Farben
Mandelblättrige Wolfsmilch	*Euphorbia amygdaloides*	✅
Felsen-Storchschnabel	*Geranium macrorrhizum*	✅
Nieswurz, Lenzrose	*Helleborus*	✅
Purpurglöckchen	*Heuchera*	Hellblättrige Sorten nur im Schatten
Funkie	*Hosta*	Je schattiger, desto trockenheitstoleranter
Waldfetthenne	*Sedum telephium (Hyloptelephium)*	Auch im Winter attraktive Fruchtstände
Schleifenblume	*Iberis*	✅
Schönaster	*Kalimeris incisa*	Weißer Sommerblüher
Gold- und Taubnessel	*Lamium*	Beliebter Bodendecker
Fetthenne	*Sedum floriferum, S. spurium*	Bodendeckender Insektenfreund
Immergrün	*Vinca*	✅ Für „Weiß-Blau-Lila-Stunden"

✅ (Halb-)Immergrün

Kräuter können Sie in der Küche als Gewürze verwenden, aus Lavendel lassen sich Duftsäckchen basteln und Salbei sowie Thymian unterstützen Sie bei Erkältungen. Kräuter lassen sich auch wunderbar auf Balkon und Terrasse anpflanzen. Sie sind eine wertvolle Insektenweide.

Klimafitte Kräuter/Kräuterschätze für sonnige Standorte

Eberraute, Cola-Kraut	*Artemisia abrotanum*	✅ Duftet nach Cola
Wermut	*Artemisia absinthium*	Vorsicht: in großen Mengen genossen giftig!
Borretsch	*Borago officinalis*	Nektarreiche Blüten zum Genießen für alle
Fenchel	*Foeniculum vulgare*	Großer Insektenmagnet
Ysop	*Hyssopus officinalis*	Oft vergessenes Würzkraut
Lavendel	*Lavandula angustifolia*	✅ Bekannter lila Dufter
Dost, Majoran, Oregano	*Origanum*	Ein paar Triebe für Insekten blühen lassen
Anis	*Pimpinella anisum*	Typisch Weihnachtskeks
Rosmarin	*Rosmarinus officinalis*	✅ Es gibt Hängeformen
Weinraute	*Ruta graveolens*	✅ Widerstandsfähig, aber phototoxisch
Echter Salbei	*Salvia officinalis*	✅ Nur gurgeln, nicht trinken!
Muskateller-Salbei	*Salvia sclarea*	✅ Bienenmagnet u.a. für Wollbienen
Bohnenkraut	*Satureja hortensis, S. montana*	Gehört zu Bohnen in Garten & Küche
Thymian, Quendel	*Thymus*	✅ Klein, aber oho

Klimafitte Kräuter/Kräuterschätze für sonnige bis halbschattige Standorte		
Schnittlauch, Schnittknoblauch	*Allium schoenoprasum, A. tuberosum*	Ganzjährige Ernte, verträgt sich nicht mit Petersilie
Kerbel	*Anthriscus cerefolium*	Früh dran und früh weg
Koriander	*Coriandrum sativum*	Spezieller Geschmack
Rucola	*Diplotaxis tenuifolia*	Ganzjährig Scharf
Zitronenmelisse	*Melissa officinalis*	Besser nicht aussamen lassen
Minzen	*Mentha*	Erfrischend & ausläufertreibend
Basilikum	*Ocimum*	Vertragen keine Temperaturen unter 10 °C
Petersilie	*Petroselinum crispum*	Ernte im 1. Jahr, im 2. Jahr für Insekten blühen lassen

Manche mögen's heiß

Als „Gärten des Grauens" wird ein aktueller Trend im Internet zu Recht kritisiert: Kies und Steine, wohin man schaut, und eine sehr eingeschränkte Bepflanzung mit wenigen Grasarten. Solche Trockengärten tragen deutlich zur Erwärmung von Flächen bei. Besser sind da mit verschiedensten Arten üppig bepflanzte Kiesgärten, die nur wenige Steine durchschimmern lassen. Insekten, das mit ihnen verwobene Nahrungsnetz und naturverbundene Menschen würden sich über mehr Wildwuchs freuen.

Viele Kräuter sind trockenheitsresistent und pflegeleicht. Kombiniert mit blattzierenden Stauden lassen sich abwechslungsreiche Beete gestalten.

© Natur im Garten/Joachim Brocks

Bitte nicht: Solche „Gärten des Grauens" sind artenarme Hitzequellen.

© GartenAkademie.com

Bunte Kräuterrasen für lebendige Vielfalt

Gärten ohne Rasen gibt es kaum, dabei sind „Rasen-Gärten" aus Sicht der Klimawandelanpassung ein Auslaufmodell. Um saftig und grün dazustehen, verlangt das durstige „Wesen" Rasen nicht nur viel Arbeit in Form von Vertikutieren und Nachsaaten, Wässern, Düngen, Mähen, Rechen und Rasenschnitt entsorgen, sondern ist dabei auch äußerst energieaufwendig. Verabschiedet man sich vom Ideal des Englischen Rasens und kann sich für extensivere Grünflächen wie Kräuter- oder Blumenrasen, Blumenwiese oder trockenheitsverträgliche Stauden begeistern, kann damit der hohe Einsatz von Mitteln, Zeit und Energie minimiert werden.

Kräuter- oder Blumenrasen:

Für mehr Artenvielfalt können Sie zunächst die **Mähhäufigkeit und den Einsatz von Düngemitteln verringern**. Nach und nach wandern trittfeste Kräuter ein, denen auch regelmäßiges Mähen bekommt. Bis zu 25 Pflanzenarten können bei geringem Pflegeaufwand Ihren Garten in solch einem Kräuter- oder Blumenrasen beleben. Dazu zählen Braunelle, Ehrenpreis, Gänseblümchen, Gundelrebe, Hornklee, Primeln, Schafgarbe, Veilchen u. a. Wenn die

Gänseblümchen stehen am Anfang des Blumenrasens.

© vanessasblickwinkel/Pixabay.com

Bei zu niedrigem Schnitt stellt Gras das Wachstum durch die Wärme ein und der Boden trocknet aus.

© Yuri Snegur/Shutterstock.com

Schnitthöhe im Frühjahr eine Handbreit ausfällt, verzaubern Frühlingsblüher den Rasen. Mit diesen Veränderungen in der Rasenpflege wird Ihr Garten auch für tierische Besucher interessanter werden und die Artenvielfalt im Garten steigen.

Der Fachhandel bietet gute **Samenmischungen mit hohem Kräuteranteil** an. Trittfest, niederwüchsig und frühblühend werden sie durch einen Schnitt nicht unter 3 cm. Blumenrasensamen sollten mit gängigen Rasenmischungen nicht kombiniert werden, weil die darin enthaltenen Gräser oft wüchsiger und durchsetzungskräftiger sind als Wildblumen. Sonst überwiegen nach wenigen Jahren wieder Weißklee und Gräser.

Intensiv kultivierte Rasen wachsen rascher, was häufigeres Mähen bedeutet. Pro Mähdurchgang sollten nicht mehr als 2 bis 3 cm und maximal 1/3 der Grashalmlänge gekürzt werden, damit der Rasen gesund bleibt. **Höheres Gras ist besser vor**

Sonnenstrahlen geschützt und benötigt weniger Wasser. Öfter geschärfte Rasenmähermesser mit hoher Motordrehzahl sorgen für **scharfe Schnittkanten**, wogegen stumpfes Mähwerk und Fransenlook Krankheitserregern mehr Angriffsfläche bietet.

Blumenwiesen:
Sie können Rasenflächen oder Teile davon in Blumenwiesen, Inseln oder Blühstreifen umwandeln. Reduzieren Sie dazu anfangs die **Mahd auf zwei bis drei Mal im Jahr**. Hier magern Sie die Wiese ab, indem Sie das **Schnittgut immer entfernen** und **auf Düngergaben verzichten**. Mähen Sie, wenn die Blumensamen bereits ausgereift sind. So können sich diese selbst aussamen und mehr Blüten sind die Folge. Eine Mahd zur Zeit der auslaufenden Margeriten-

blüte fördert eine intensive Frühsommerblüte; eine Mahd Anfang September sorgt nach und nach für eine hohe Artenvielfalt. Etwas Geduld und weniger Arbeits- und Ressourceneinsatz werden mit dem Summen und Brummen der angelockten Insekten belohnt.

 *Klimatipp*

Mulchmäher

Im Handel sind Mulchmäher (Sichelmäher) mit Spezialmessern zu finden. Das Belassen des Grases auf der Rasenfläche spart den Düngereinsatz, macht deutlich weniger Arbeit und reduziert die Verdunstung. Rasenroboter sollten nachts und in der Dämmerung pausieren, damit Igel oder andere nachtaktive Tiere im wahrsten Sinne des Wortes nicht unter die Räder kommen.
Mit etwas Körpereinsatz betriebene Spindelmäher eignen sich ebenfalls für die Mulchmahd.

Blumenwiesen brauchen Zeit zur Entfaltung, hineingemähte Wege erleichtern das Gehen.

Genüsse aus dem eigenen Garten

Schon in den 1980er-Jahren entstand mit der Permakultur ein Konzept für eine zukunftsfähige Gestaltung und Benutzung von Land. Ziel sind landwirtschaftlich produktive, sich selbst erhaltende Systeme ökologischer und kultureller Natur – zum Wohl unseres Planeten. Über das Gärtnern hinaus werden von der Energieversorgung bis zum sozialen Miteinander alle Lebensbereiche erfasst. Gemeinnütziges Lernen von und mit der Natur hat ökologisches Handeln zur Folge und macht den Eigenwert der Natur für unser Überleben bewusst.

Aber es geht auch mit kleinen Schritten: Um Ihren eigenen ökologischen Fußabdruck zu verkleinern, ist ein Naschgarten ein probates Mittel. Es gibt eine große Vielfalt an Genüssen, die Sie aus dem eigenen Garten ernten können. Geschmack, Standorteignung, Optik und Haltbarkeit, eine geringe Anfälligkeit gegenüber Krankheiten und Schädlingen sind bei der Sortenauswahl wichtig. Damit verringert sich der Pflegeaufwand und Sie haben mehr Freude an Ihrer Ernte. Neben möglichst allen im Klimabereich gedeihenden ein- und mehrjährigen (Wild-)Obstarten, essbaren Nussarten, Gemüsen und Gewürzen wachsen hier bekannte, aber auch seltene oder alte Sorten.

Das ist mein Gemüse

Weil die Vegetationsperiode sich deutlich verlängert hat, wirkt dieser Vorteil des Klimawandels vor allem im Gemüsegarten positiv. Nach den letzten Spätfrösten freuen sich Wassermelone, Portulak, Kiwano, Andenbeere/Physalis oder Ingwer über wärmere Zeiten.

Gemüse kann früher und auch länger in der Vegetationsperiode geerntet werden. Jedoch gilt es einiges zu beachten: Früh ansäen und den winterfeuchten Boden nutzen, heißt es im Gemüsegarten. Dennoch kommt junges Gemüse kaum ohne **Bewässerung** aus. Mit **Frühgemüsen** wie Erbse, Frühkarotten, Spargel oder Puffbohne, die noch vor Mai und Juni das meiste Wasser brauchen, kommen Sie sommerlichen Trockenperioden zuvor. Der Ernte von wärmeliebenden Gemüsen steht auch später nichts im Wege – früh ausgesäte **Sommerkulturen mit Pfahlwurzeln** wie Artischocke, Bohne, Karotte, Knollensellerie, Kohlgemüse (außer Kohlrabi), Mangold, Melanzani/Aubergine, Pastinake, Wurzelpetersilie, Porree, Rettich, Rote Rübe, Schwarzwurzel oder Speiserübe können sich selbst lange mit Wasser versorgen.

Bei einigen bisher erprobten Gemüsearten wird der Anbau zwar nicht schwieriger, nur brauchen sie **geänderte Anbauzeiträume**. Im Hochsommer bilden Flachwurzler wie Kopfsalat oft keine Köpfe mehr aus. Trockenperioden und unregelmäßige Wassergaben führen zu pelzigen Radieschen und aufgeplatzten Karotten bzw. Kohlrabi. Auch Spinat wird besser

Für jeden Standort gibt es das passende Gemüse – ob Rarität oder Altbewährtes.

© Margit Beneš-Oeller

Auch bei Spätfrost hat Frühgemüse es unter diesem gläsernen Frostschutz warm.

© Natur im Garten/Alexander Haiden

Viele Gemüsearten können bis in den Winter hinein geerntet werden.

© Margit Beneš-Oeller

zeitiger im Frühling oder später im Herbst angebaut. Bohnen brauchen mit ca. 25 l Wasser/Woche/m² relativ viel Wasser. Bei frühem Anbau genügen meist die Niederschläge, während spätere Wärme viel mehr Bewässerung erfordert. Busch- und Feuerbohnen keimen früher als Stangenbohnen. Mit **Vliesabdeckungen** verkürzen Sie die Kulturdauer für Frühsorten und umgehen damit den heißen Sommer. Manche Gemüse benötigen eine bestimmte **Kältesumme**, um auszutreiben und zu blühen.

So braucht Karfiol/Blumenkohl, um nach den Blättern auch „Blumen" auszubilden, eine kühle Periode. **Frühsorten** schaffen das meist noch. Beim Rhabarberanbau in warmen Regionen empfehlen sich nur (sehr) frühe Sorten.

Ausgedehnte (Winter-)Ernte

Weil auch der typische Herbst heute länger dauert, verlängert sich die Erntezeit. Viele typische **Herbstkulturen** von Salat-, Kohl- und Wurzelgemüse können bis weit in den Winter geerntet werden. Blatt-, Kohl- und Wurzelgemüse, Herbstsalate wie Asiasalate,

Chinakohl, Radicchio, Vogerl-/Feldsalat oder Zuckerhut werden im Spätsommer ausgesät, und auch Rettich und Spinat können noch angebaut und geerntet werden.

Der Kalender der Natur

Aussaat und Ernte, Austrieb und Blühbeginn einzelner Pflanzen variieren nicht nur von Jahr zu Jahr, sondern auch von Region zu Region. Lange Kälte verzögert die Entwicklung. Steigen die Temperaturen, „explodiert" die Natur förmlich. Um sich beim gewohnten Ablauf von Gartenarbei-

NATUR im GARTEN *Klimatipp*

Vorkultur ohne Kunststoff

Verwenden Sie Aussaattöpfe aus vollständig abbaubarer Pflanzen- oder Papierfaser bzw. Jute. Alternativ eignen sich selbst gemachte Töpfchen aus den Innenteilen von Klopapierrollen oder Zeitungspapier.

ten darauf einzustellen, hilft der **phänologische Kalender**. Phäno kommt aus dem Altgriechischen und bedeutet auf Deutsch „Ich erscheine." Als biologische Messinstrumente für Witterung und Klima dienen typische „Zeigerpflanzen" als Anhaltspunkte für den Beginn einer neuen Periode – und damit für anstehende Gartenmaßnahmen:

Tiefwurzler

Wählen Sie robuste und widerstandsfähige Gemüsesorten. Vermeiden Sie flachwurzelndes Gemüse im Hochsommer.

Jahreszeit	Kalendarisch oft:	Beginn wird angezeigt durch:	Anstehende Gartenarbeiten im Gemüsegarten
Vorfrühling	Ende Februar oder Anfang März	Erste Blüte von Haselnuss, Schneeglöckchen, Schwarzerle, Salweide, Vollblüte Winterjasmin	Freilandaussaat von Ackerbohne, Erbse, Mairübe, Radieschen, Spinat, Schwarzwurzel
Erstfrühling	Anfang/Mitte April	Blüte von Forsythie, Stachel-/ Johannisbeere, später Kirsche, Pflaume, Birne, Schlehdorn, Ahorn; Austrieb von Rosskastanie, Birke, ca. eine Woche später: Ahorn, Linde, Rotbuche	Pflanzung von Kopfsalat, Kohlrabi, Kartoffel, Steckzwiebel; Aussaat von Karotte, Pastinake und Roter Rübe
Vollfrühling	Mai	Blüte von Apfel, Flieder, später Himbeere; Austrieb von Stiel-Eiche Nach den Eisheiligen	Pflanzung frostempfindlicher Melanzani/ Aubergine, Paprika, Paradeiser/Tomate; Aussaat von Bohne, Brokkoli, Karfiol/ Blumenkohl, Salat
Frühsommer	Im Juni	Blüte von Gräsern, Winterroggen, Türkenmohn, Schwarzem Holunder, Weißdorn, Wald-Geißbart	Erste Ernten (Erdbeere, Salat, Spargel); Pflanzung von Kohlgewächsen (Grünkohl, Grün- und Rotkraut); weiterhin Aussaat von Bohne, Brokkoli, Sommersalaten, Winterkarotte
Hochsommer	Ende Juni/Anfang Juli	Blüte von Sommerlinde, Wegwarte, Kartoffel; Reife von Johannisbeeren	Kräuterernte; Auspflanzen von Chinakohl, Endivie, Knollenfenchel, Zuckerhut
Spätsommer	Mitte August/ Anfang September	Reife von Frühapfel/-zwetschke, Felsenbirne, Eberesche; Blüte von Heidekraut, Herbstanemone	Auspflanzen von Herbst- und Wintersalaten, Endivie und Radicchio; Aussaat von Frühlingszwiebel, Radieschen, Spinat, Vogerl-/Feldsalat
Frühherbst	Ende September/ Anfang Oktober	Blüte der Herbstzeitlose; Reife von Holunder, Haselnuss	Knoblauch stecken; Auspflanzen: Spätsorten von Endivie, Zuckerhut; Aussaat von Radieschen, Spinat, Vogerl-/ Feldsalat
Vollherbst	Oktober	Reife von Quitte, Rosskastanie, Stiel-Eiche, Walnuss; Laubfärbung von Eiche, Esche, Rosskastanie, Rotbuche, Wildem Wein	Folgesaat von Spinat und Vogerlsalat
Spätherbst	Ende Oktober Mitte/Ende November	Laubfall von Rosskastanie, Stiel-Eiche	Aussaat von Kaltkeimern: Guter Heinrich, Kerbelrübe, Süßdolde Bibernelle, Waldmeister
Winter	Ab Anfang Dezember	Vegetationsruhe	Aussaat von Kaltkeimern; Wintergemüse abdecken, vorsichtig ernten, Chicorée treiben

Gärten biologisch pflegen

Je vitaler die Pflanzen sind, umso besser kommen sie mit den Herausforderungen des Klimawandels zurecht. Achten Sie daher besonders auf eine gute Bodenpflege und vorbeugende Pflanzenstärkung und darauf, dass Erden keinen Torf enthalten.

Ohne Torf arbeiten

Vergleicht man alle Land-Öko-Systeme, sind Feuchtgebiete und Moore, auf ihre geringe Fläche bezogen, die Sieger bei der Kohlenstoffbindung. Auf 6,2 % der Fläche sind 657 Mrd. Tonnen CO_2 gespeichert, im Grasland mit 37,3 % der Fläche sind es dagegen nur 588 Mrd. Tonnen CO_2.

Kompost steht am Beginn des naturnahen Gartens.　© Natur im Garten/Alexander Haiden

Moore speichern klimaschädliche Gase besser als jeder andere Bodentyp. Auf nur 3 % der weltweiten Landflächen speichern Moore 30 % des weltweiten Kohlenstoffs, und zwar langfristig. Wenn sie feucht sind, speichern sie damit weltweit zweimal so viel CO_2 wie alle Wälder zusammen. Gleichzeitig beheimaten sie eine reiche und einzigartige Artenvielfalt. Moorpflanzen, allen voran die Torfmoose, binden CO_2 durch Fotosynthese. Sterben diese ab, gelangen sie in tiefere Bodenbereiche ohne Sauerstoff, wo der Kohlenstoff für Tausende Jahre weggeschlossen bleibt. Moore sind also fossile Kohlenstoffspeicher.

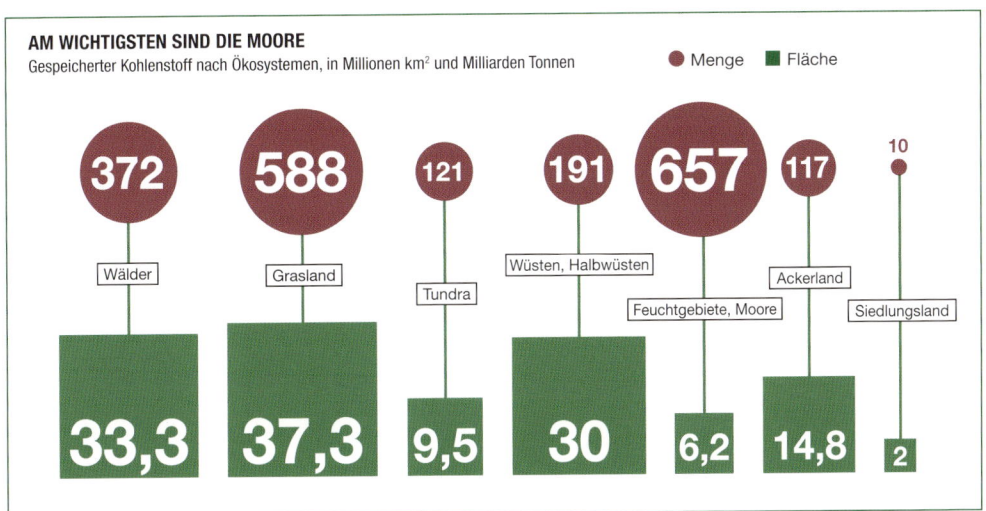

AM WICHTIGSTEN SIND DIE MOORE
Gespeicherter Kohlenstoff nach Ökosystemen, in Millionen km^2 und Milliarden Tonnen　● Menge　■ Fläche

Wälder	Grasland	Tundra	Wüsten, Halbwüsten	Feuchtgebiete, Moore	Ackerland	Siedlungsland
372	588	121	191	657	117	10
33,3	37,3	9,5	30	6,2	14,8	2

Quelle: Bodenatlas (CC-BY-SA)

Bis zu 10 % der CO_2-Emissionen werden dem globalen Torfabbau in Mooren zugeschrieben! In Österreich sind bereits 90 % dieser wertvollen Biotope in den letzten hundert Jahren durch Entwässerung für Landwirtschaft oder Torfabbau zerstört worden.

Auch die verbliebenen Moore sind durch Entwässerungen gefährdet. Es gibt also keinen günstigeren Weg, den Kohlenstoffgehalt in unserer Atmosphäre zu senken als die Bewahrung und Renaturierung der Moore.

Die indirekte Nutzung von Mooren durch Torfimporte verursacht in Österreich jährlich bis zu 300.000 t CO_2 (WWF, 2010). Damit hat auch die Wahl der Gartenerde einen bedeutenden Einfluss auf den Umwelt- und Klimaschutz. Torf muss deshalb im Moor bleiben.

Boden und Kreislaufwirtschaft

Im Klimageschehen spielen Böden eine entscheidende Rolle. Denn sie sind gewaltige Kohlenstoffspeicher. Sie speichern mehr als dreimal so viel Kohlenstoff wie Pflanzen oder die Atmosphäre. Kohlenstoff ist dabei als Bestandteil von verschiedenen organischen Verbindungen im Boden eingelagert. Übertroffen werden Böden dabei nur von Mooren.

 *Klimatipp*

Torffrei spart CO_2

Kaufen Sie torffreie Erden – so schützen Sie das Klima und wertvolle Naturstandorte.

Naturschätze wie das Wenger Moor im Salzburger Flachgau sind wertvolle Ökosysteme.

Der **Boden ist die Grundlage des Pflanzenwachstums**. Humos und locker soll er sein, Nährstoffe und Wasser speichern und für Pflanzen bereitstellen. Weil gesunde Pflanzen nur in gesunden Böden wachsen können, gilt der Bodenvorbereitung und -pflege besonderes Augenmerk. Eine Handvoll Gartenerde von guter Qualität enthält Milliarden von Lebewesen. Diese Bodenorganismen bereiten die Nährstoffe für die Pflanzen auf, sorgen für eine gute Krümelstruktur der Erde und erhöhen mit ihren stärkenden Substanzen die Vitalität der Gewächse.

Wie gut ein Boden Wasser speichern kann, hängt von der Bodenqualität und Bodenart ab.
Je 10 cm Bodenschicht speichern:
- Sandböden ca. 10 l/m²
- Lehmböden ca. 40 l/m²
- Tonböden ca. 48 l/m²

Nutzbare Feuchtigkeit abgeben können die Böden je 10 cm Bodenschicht:
- Sandböden ca. 5 l/m²
- Lehmböden ca. 22 l/m²
- Tonböden ca. 13 l/m²

Wichtig ist es, gute Bodenstruktur zu erhalten und schlechte zu verbessern, sie also immer wieder mit Humus, Gründüngung bzw. Kompost anzureichern. Humusstoffe vergrößern das Porenvolumen, indem sie Bodenteilchen miteinander verbinden und so eine stabile fruchtbare Struktur aus 0,2–1 mm kleinen Krümeln bilden. Je größer die Oberfläche, umso mehr Wasser und Nährstoffe werden angelagert. Wasser zwischen den Bodenkrümeln ist leicht verfügbar und der Boden wirkt wie ein Schwamm. Mehr zum Boden verraten Proben, „Zeigerpflanzen" und gärtnerische Beratungen.

Eine gute Bodenqualität garantiert eine gute Wasser- und Nährstoffversorgung.
© Syda Productions/Shutterstock.com

Die Bewirtschaftung orientiert sich im naturnahen Garten an der natürlichen, klimafreundlichen **Kreislaufwirtschaft**. Umweltschonende organische Düngemittel wie Kompost stärken dabei ein vielfältiges Bodenleben und den Humusaufbau. Chemisch-synthetische Mineraldünger werden mit sehr hohem Energieaufwand hergestellt, wirken auf Pflanzen wie „Fast

 *Klimatipp*

Boden schützen

Achten Sie im Garten auf einen gut belebten Boden. Seine Wasserspeicherkraft ist für Trockenzeiten enorm wichtig. Versiegeln Sie so wenig Boden wie möglich, indem Sie wasserdurchlässige Wege und Beläge statt Asphalt und Beton einsetzen.

Länger verfügbar: Schafwollepellets machen das Düngen kinderleicht.

© GartenAkademie.com

 *Klimatipp*

Food" und haben häufig lange Transportwege hinter sich. Überdüngung passiert leicht und zieht Pflanzen mit schwachem Wurzelsystem und geringerer Widerstandskraft gegenüber Pilzkrankheiten und saugenden Schädlingen nach sich. Verwenden Sie stattdessen **umweltschonende organische Düngemittel**. Diese haben in der Herstellung einen geringeren Energieaufwand, verbessern die Bodenqualität und ernähren die Pflanzen bedarfsgerecht. Produzieren Sie Ihren eigenen Dünger durch **Kompostieren**. Bereiten Sie Garten- und Küchenabfälle auf, so wird aus ihnen wertvoller Kompost. Bei der Produktion werden Wasser und Energie gespart. Außerdem wird eine nährstoffreiche Bodenverbesserung erzielt, die dazu beiträgt, dass der Boden mehr Kohlenstoff speichert, indem organisches Material zugeführt wird. Kompost ist nicht nur Dünger. Er ist mit zahlreichen Organismen

belebt, mit organischer Masse angereichert und verbessert und düngt den Boden optimal. So steigt die Bodenqualität von Jahr zu Jahr. Wertvolle Rohstoffe wie Beikräuter, Rasenschnitt, Laub, Pflanzenreste und Küchenabfälle werden im Naturgarten zum Dünger.

Eine alte Gärtnerweisheit sagt: Der Boden soll nie den Himmel erblicken! Die Blätter der Pflanzen, **Gründüngung und Mulchen** schützen den Boden vor Erosion, Austrocknung und Extremwetterereignissen

Gute humose Böden als wichtigste Wasserspeicher können bis zu 200 l/m³ ansammeln.

© Jurga Jot/Shutterstock.com

wie Hagel und Starkniederschlägen. Mulch ist eine Wohlfühldecke für den Boden. Mulchen bedeutet, dass von Pflanzen unbewachsene Stellen in Beet oder Topf nicht offen gelassen, sondern bedeckt werden. Damit wird unerwünschter Pflanzenwuchs unterdrückt und das Unkrautjäten deutlich reduziert. Das für den Humusaufbau wichtige Bodenleben wird gefördert, indem Feuchtigkeit besser bewahrt bleibt. Nackte, offene Erde ist den Elementen dagegen schutzlos ausgeliefert. Die Sonne trocknet sie aus, der Wind wirbelt die Erdkrume fort, der Regen zerschlägt die feine Struktur und verschlämmt den Humus. Die lebensnotwendigen „Luftröhren" der Erde verstopfen und das Bodenleben wird geschwächt oder gar abgetötet.

Mulch schützt Boden und Bodenorganismen im Sommer vor Austrocknung und Gewitterregen, im Winter vor Frösten.

© Natur im Garten/Alexander Haiden

Wertvolle organische Mulchmaterialien im Überblick

- **Angetrockneter Rasenschnitt oder Beikräuter:** Dieser Mulch wird ca. 2 cm stark locker aufgetragen. Er verrottet schnell und bringt rasch wertvolle Nährstoffe zu den Pflanzenwurzeln. Bestens geeignet für Gemüsegärten, unter Beerensträuchern und nährstoffliebenden Zierstauden.
- **Hanf- oder Flachsschäben, Elefantengras:** Sie sollen Schnecken fernhalten, verrotten eher langsam und sind gute Partner im Staudenbeet und unter Erdbeeren.
- **Laub:** schafft hilfreiche Nützlingsverstecke und wird eher langsam zersetzt. Als ausgewogene Nahrung ist es gut geeignet unter Gehölzen, Sträuchern, auf Gemüsebeeten im Winter und unter Stauden. In windexponierten Lagen sollten Sie Laub mit etwas Erde oder Holzfasern bzw. Holzhäcksel beschweren.

- **Stroh, Heu:** sind besonders unter Erdbeeren gut geeignet. Heu kann je nach Herkunft und Schnittzeitpunkt viele Samen enthalten.
- **Holzfaser:** wird filzig und bleibt damit auch in Hanglagen an Ort und Stelle. Mit Anspruch auf „Bodenoptik" ähnelt sie Blumenerde und ist daher ein beliebtes Mulchmaterial.
- **Häckselgut aus Strauchschnitt:** besticht durch eine ansprechende Optik, ist aufgrund der langsamen Zersetzung sehr gut für Gehölze, Hecken, Beerensträucher und Wege geeignet und ein guter Ersatz für Rindenmulch. (letzterer enthält mitunter Fungizide oder Schwermetalle)
- **Schafwolle:** hat anders als die vorher angeführten Materialien auch eine starke Düngewirkung und wird deshalb in Gemüsebeeten, Blumentrögen und bei Beerensträuchern eingesetzt.

Mineralische Mulchmaterialien wie Sand, Kies, Lavagranulat oder Ziegelsplitt liefern zwar kaum Nährstoffe, werden aber nicht zersetzt und haben somit eine hohe Lebensdauer. Sie sind geeignet für Steppenbeete und Pflanzen, die magere/nährstoffarme Bedingungen lieben. Aufgrund der Größen-, Farben- und Formenvielfalt sind mineralische Materialien außerdem bestens als Wegebelag geeignet. Im Gemüsebeet empfehlen sie sich nicht, da sie hier das häufige Säen, Pflanzen und Jäten behindern.

Gründüngung: ist eine Mulchung mit lebenden Pflanzen. Durch ihre Wurzelmasse wird der Boden gelockert und organische Masse im Boden eingelagert. Verwenden Sie nur einjährige bzw. abfrierende Gründüngungen wie Phazelie, Gelbsenf und Buchweizen oder auf sauren Böden einjährige Lupine. Sobald ein Gemüsebeet abgeerntet wird, sollte Gründüngung angebaut werden. Werden neue Pflanzen gesetzt, wird die Gründüngung abgeschnitten und die oberirdischen Teile gleich als Mulchmaterial verwendet bzw. kompostiert. Die Wurzeln verbleiben im Boden.

Der Bienenfreund *(Phacelia)* ist eine der bekanntesten Gründüngungspflanzen.

Erbsen, Bohnen, Klee und andere Leguminosen wandeln zudem Stickstoff aus der Atmosphäre in natürlichen Dünger um.

Pflanzenstärkung und Pflanzenschutz

Vorbeugen ist besser als Heilen. Gemäß diesem Motto wird im Naturgarten großer Wert auf das Gesunderhalten von Pflanzen und die Pflanzenstärkung gelegt, sodass Pflanzenschutzmaßnahmen auf ein Minimum reduziert werden. Die Veränderungen des Klimas konfrontieren uns mit neuen Herausforderungen:
Mit der Klimaerwärmung werden Schäden zunehmen, die direkt durch die Witterung verursacht werden. Dazu gehören Extremereignisse wie Stürme, Starkniederschläge, Hagel, Dürreperioden, intensive Sonneneinstrahlung oder erhöhte Ozonkonzentrationen. Bleiben längere und starke Winterfröste aus, werden auch Schädlinge weniger dezimiert.

Im Jahresverlauf wird es zu **Generationsverschiebungen bei Schadorganismen und deren Gegenspielern** kommen. Durch globalen Warenverkehr und natürliche Verbreitung kommen **neue Plagegeister** und **bisher unbekannte Krankheitsprobleme** in die Gärten. Eine zunehmende Massenvermehrung von bekannten Schädlingen wie Blattläusen, aber auch Neuzugänge wie Schadschmetterlinge (Buchsbaumzünsler), Käferarten (Citrusbockkäfer, Spanische Fliege) sowie die Zunahme von wärmeliebenden Arten wie Zikaden oder Wanzen werden erwartet. Die Klimaänderung bringt verbesserte Bedingungen für die Verbreitung von Problemarten wie Wühlmaus, Lilienhähnchen, Rote Spinne, Blattläuse und Rüsselkäferarten. Gemüsefliegen wie Kohl- oder Möhrenfliege, die an unser Klima angepasst sind, werden zukünftig einige Wochen

Echter Mehltau schädigt schon im Frühjahr.
© Floki/Shutterstock.com

Leimringe schützen vor Frostspanner-Raupen.
© LarsZ/Shutterstock.com

früher auftreten, im Sommer eine Ruhe-phase einhalten und sich im Herbst noch-mals zeigen, so die Prognosen. Manche Insekten wie der Borkenkäfer oder Buchs-baumzünsler haben durch die geänderten Bedingungen erstmals jährlich bis zu fünf Generationen ausgebildet.

Wärmeliebende Schädlinge, die bisher Gewächshäuser vorzogen, zeigen sich nun vermehrt im Freiland, wie einige Weiße-Fliegen- und Thripsarten oder die Maulbeerschildlaus.

Bei hohen Temperaturen und Trockenheit in der Vegetationsperiode wird etwa für Naschgärten verstärkt mit **physiologi-schen Schäden von Pflanzen** gerechnet, wie zum Beispiel Stippigkeit bei Apfel. Vorbeugend helfen eine **angepasste Pflanzenauswahl, Mischkultur, ausge-wogene Düngung, eine hohe Boden-qualität, der gezielte Einsatz von Pflan-zenstärkungsmitteln** sowie optimale **Schnittmaßnahmen**. Schädlingsprophy-laxe wie die **Austriebspritzung** mit jeweils dafür zugelassenen Parafin- oder Rapsöl-präparaten bei Gehölzen, **Leimringe** ge-gen den Frostspanner, **Schutznetze und**

Pheromonfallen schützen Pflanzen auf umweltschonende Weise vor Schädlingen. Als Alternative für Folien und Kunststoff-netze dient bei trockener Lagerung öfter verwendbare, kompostierbare **Abdeck-gaze** aus Biobaumwolle als Frostschutz sowie zur Abwehr von Schädlingen. Auch biologisch abbaubare Tunnel- oder Mulch-folie auf Basis von Getreidemehl ist im Handel zu finden.

Schau genau

Seien Sie ein aufmerksamer Beob-achter in Ihrem Garten. Je früher ein Problem entdeckt wird, umso rascher kann mit einfachen Maß-nahmen gehandelt werden. Üben Sie sich in Toleranz, nicht jeder Schädling muss sofort bekämpft werden. Häufig stellt sich rasch ein Gleichgewicht zwischen Schädling und Nützling ein.

Pflanzen haben vielfältige Möglichkeiten, sich gegen Schädlinge und Krankheitserreger zu wehren. Zum Beispiel bilden Pflanzen in ihren Blättern hochwirksame Substanzen gegen Pilze und Insekten. Selbst hergestellte Pflanzenstärkungsmittel können, ähnlich einer Schutzimpfung, den Gehalt solcher aktiver Substanzen in der Pflanze erhöhen und so wirksam Pilzkrankheiten vorbeugen. Diese Mittel dürfen laut Gesetz keine giftigen Inhaltsstoffe enthalten und sind in Privatgärten, aber auch im öffentlichen Grün eine wichtige Maßnahme zur Gesunderhaltung der Pflanzen. Damit sind Brennnessel-, Beinwelljauche oder Schachtelhalmbrühe eine gute Alternative zu handelsüblichen Produkten.

Marienkäfer sind wertvolle Blattlaus-Fresser.

© Jolanda Aalbers/Shutterstock.com

Bauwerke ökologisch begrünen

Kletterpflanzen als Fassadengrün, Sicht- und Sonnenschutz

Wilder Wein ist ein sommergrüner Selbstklimmer.

© Margit Beneš-Oeller

Wo nicht genügend Raum für Bäume oder Sträucher vorhanden ist, sind Kletterpflanzen an Häusern, Mauern, Balkonen, Pergolen, Spalieren und Zäunen eine willkommene Alternative. Diese grünen Pflanzenwände wirken ebenso gegen Überhitzung, spenden Kühle, reinigen die Luft, verringern die Staubkonzentration und reduzieren zudem die Lärmbelastung.

Klimatipp

Fassadenbegrünungen

Sie bieten eine schöne und effektive Antwort auf den Klimawandel. Durch die Beschattung reduzieren sie die Sonneneinstrahlung und kühlen die Luft nahe der Fassade. Davon profitiert auch das Innenraumklima.

Kletterpflanzen und Grünwand-Systeme auf einer Fassade vereint.

© www.diestadtbegruener.com

Laut dem Verband für Bauwerksbegrünung zeigten Simulationen, dass die vom Menschen empfundene Wärme beim Passieren einer Grünwand um bis zu 13 °C sinkt. Eine 850 m² große Grünfassade kann an einem heißen Sommertag die Kühlleistung von etwa 75 Klimageräten mit jeweils 3000 Watt über einen Zeitraum von acht Stunden erbringen.
(Quelle: GRÜNSTATTGRAU)

Grünfassaden sind deshalb ein wertvoller Beitrag, um die Hitzebelastung vor allem in dichten städtischen Gebieten zu verringern. Manche Kletterpflanzen sind wahre Himmelsstürmer. Für jede Gartensituation finden sich die passenden Kletterpflanzen. Mit ihnen lassen sich eindrucksvolle Gartenbilder schaffen, schattige Rückzugsorte gestalten, und triste Gebäude bekommen ein neues Gesicht.

Gerade in kleinen Gärten haben sie ihren großen Auftritt, denn sie brauchen nur wenig Bodenfläche und bewachsen doch große vertikale Flächen. Auch wo mehr Platz vorhanden ist, können sich Kletterpflanzen wunderbar in Szene setzen und mit einer enormen Vielfalt für Privatsphäre sorgen, ob nun ein- oder mehrjährige, immergrün oder sommergrün, blattzierend oder blühend, schnell oder langsam wachsend, Sonnenkind oder Schattengewächs. Kletterpflanzen sind ideal, um Gartenträume auf kleinstem Raum zu verwirklichen, bieten individuellen Sichtschutz für Garten, Terrasse und Balkon. Hier können diese Pflanzen auch in größeren Trögen platziert werden. Einjährige Kletterer sind oft wüchsiger als mehrjährige Schlingpflanzen, bieten jährliche Abwechslung oder sind eine gute Zwischenlösung.

Je nach Oberfläche des Bauwerks benötigen manche Arten passende Kletterhilfen mit entsprechenden Befestigungen, die die Lasten von Pflanzenteilen, Schnee oder Wind tragen können.

Die Akebie ist ein duftender Schlinger mit exotischer Anmutung.

© Natur im Garten/Alexander Haiden

Unterschiedliche Strategien dieser Pflanzen führen nach oben: Sie heften sich eigenständig an Oberflächen, umschlingen Halteseile, verspreizen sich an Streben oder halten sich mit Dornen fest. Manche davon sind immergrün und so auch im Winter interessante Sichtschutzspender.

Selbstklimmer benötigen keine Kletterhilfe, sondern halten sich mit Saugwurzeln oder Haftscheiben am Untergrund fest: Bei Jungpflanzen und besonders glatten und Wasser abweisenden Oberflächen ist eine unterstützende waagerechte Drahtbespannung in Abständen von 60–80 cm vorteilhaft.

Spreizklimmer, im eigentlichen Sinn keine Kletterpflanzen, benötigen waagerecht verlaufende Kletterhilfen, Latten oder Drähte im Abstand von etwa 40 cm.

Ranker halten sich mithilfe von Blütenstielen, Blättern und Ranken fest und benötigen dafür Gitter, Drahtgewebe oder Lattenkonstruktionen mit etwa 10–30 cm Gittergröße.

Weinreben – wenn der Naschgarten die Wand hoch geht.

© GartenAkademie.com

Selbstklimmer				
Deutscher Name	**Botanischer Name**	**Kletterhöhe**	**Standort**	**Anmerkung**
Klettertrompete	*Campsis tagliabuana*	Bis 7 m	○	(Halb-)Immergrün; Bildet Ausläufer
Kriechspindel	*Euonymus fortunei*	Bis 3 m	○ – ◑	(Halb-)Immergrün; Nur bei intakten Fassaden einsetzen; Altersform zurücknehmen
Efeu	*Hedera*	Bis 20 m	◑ – ●	(Halb-)Immergrün; ist lichtfliehend (Vorsicht bei Rissen); Altersform zurücknehmen
Wilder Wein	*Parthenocissus tricuspidata*	Bis 15 m	○ – ◑	Saugnäpfe bleiben haften

Spreizklimmer				
Deutscher Name	**Botanischer Name**	**Kletterhöhe**	**Standort**	**Anmerkung**
Ölweide	*Eleagnus × ebbingei*	Bis 5 m	○ – ◑	(Halb-)Immergrün; Duftet
Kletterrose	*Rosa*	2–12 m	○	Duftet teilweise
Brombeere	*Rubus fruticosus*	Bis 3 m	○ – ◑	(Halb-)Immergrün; Es gibt stachellose Sorten.
Kapuzinerkresse	*Tropaeolum*	Bis 3 m	◑	Mag keine Hitze, einjährig

Ranker				
Deutscher Name	**Botanischer Name**	**Kletterhöhe**	**Standort**	**Anmerkung**
Waldrebe (Berg-, Gold-, Italienische)	*Clematis montana, C. tangutica, C. viticella*	Bis 5 m	○ – ◐	Brauchen beschattete Wurzeln
Wilder Wein	*Parthenocisus engelmannii*	Bis 10 m	○ – ●	Schlingt und hat Haftwurzeln
Glockenrebe	*Cobaea scandens*	Bis 6 m	○	Einjährig, nur in warmen Gebieten winterhart
Gurke	*Cucumis sativus*	Bis 2,5 m	○ – ◐	Einjährig
Kürbis	*Cucurbita*	Bis 5 m	○	Einjährig
Trichterwinde	*Ipomoea*	Bis 5 m	○	Einjährig
Edelwicke	*Lathyrus odoratus*	Bis 2 m	○	Einjährig
Passionsblume	*Passiflora caerulea*	Bis 4 m	○ – ◐	Einjährig (nicht selbstfruchtbar), nur in warmen Gebieten winterhart
Weinrebe	*Vitis vinifera*	Bis 10 m	○	Pilz-widerstandsfähige Sorten wählen

Kletterrosen können beachtliche Ausmaße erreichen – sie brauchen dazu adäquate Kletterhilfen.

© Natur im Garten/Alexander Haiden

Schlinger erklettern an senkrechten Spanndrähten im Abstand von 30–100 cm die Hauswand.

Wie gut also, dass schon etwas freier Boden oder ein großer Trog genügen, um diesen pflanzlichen Schmuckstücken bei Hauseingängen und Torbögen oder an Sitzplätzen unter Pergolen und Lauben einen Platz zu bieten.

Pflanze und Stütze in Harmonie

Wichtig für ein gutes Gedeihen sind die passende Kombination von Kletterpflanze und Rankhilfe, eine fachgerechte Montage und die korrekte Erziehung der Pflanzen an der Kletterhilfe.

Wählen Sie langlebige Materialien und achten Sie auf deren Beständigkeit gegenüber Witterungseinflüssen.

Den attraktiven Blauregen gibt es in Blau und Weiß.

© GartenAkademie.com

Schlinger				
Deutscher Name	**Botanischer Name**	**Kletterhöhe**	**Standort**	**Anmerkung**
Minikiwi/Japanische Honigbeere	*Actinidia arguta*	Bis 12 m	○ – ◗	Verträgt keine Trockenheit
Akebie	*Akebia quinata*	Bis 10 m	○ – ◗	Duftend
Pfeifenwinde	*Aristolochia macrophylla*	Bis 10 m	●	Großblättrig; Kann Ausläufer treiben
Hopfen	*Humulus lupulus*	Bis 10 m	○ – ◗	Zieht im Winter ein
Geißblatt	*Lonicera*	Bis 4 m	○ – ◗	Duftend
Immergrünes Geißblatt	*Lonicera henryi*	Bis 4 m	●	(Halb-)Immergrün
Feuer-/Stangenbohne	*Phaseolus*	Bis 3 m	○ – ◗	Einjährig, nur gekocht essbar
Schwarzäugige Susanne	*Thunbergia alata*	Bis 4 m	○	Einjährig
Blauregen	*Wisteria*	Bis 15 m	○ – ◗	Auf stabiles Klettergerüst achten

Der exponierte Standort verlangt Genügsamkeit.
© Natur im Garten/Alexander Haiden

Begrünte Dächer

Wo heute Dächer mit Beton, Metall, Kies oder Bitumenpappe abgedeckt werden, könnte morgen schon Raum für Leben sein. Begrünte Dächer erfüllen als Wasserrückhaltespeicher wichtige **klimaregulierende und ökologische Funktionen**. Gleichzeitig werden mit ihnen grüne Ausgleichsflächen als Ersatz für versiegelte Flächen geschaffen. Die positiven ökonomischen und bautechnischen Effekte dieses erweiterten Lebensraums für Mensch und Natur bleiben oft unbeachtet. Dabei können aus ungenutzten Dächern von Häusern, Garagen und Carports, Schuppen und Gerätehäusern oder Werkstätten wertvolle Grünräume entstehen. Der Bau von Gründächern sollte bei jedem Neu- oder Umbau berücksichtigt werden. Auch nachträglich sind Begrünungen eine Überlegung wert.

Dachgrün macht sich bezahlt
Begrünte Dächer spielen sowohl im kalten Skandinavien wie im heißen Tansania seit Jahrhunderten eine Rolle. Richtig angelegt, zahlen sich die grünen Dächer zweifach aus: ökologisch und ökonomisch.

Das Klima im Haus selbst wird neben einer Beschattung durch Bäume vor allem durch die Begrünung des Daches und der Fassade spürbar verbessert. Bei der Dachbegrünung gibt es weniger Temperaturschwankungen als beim konventionellen Dach. Während die Temperaturdifferenz bei einem Bitumendach täglich maximal 63 °C betragen können, entstehen bei einem extensiv begrünten Dach nur 19 °C. In den Innenräumen darunter kann so die Temperatur 3 bis 4 °C geringer ausfallen als unter einem konventionellen Dach (Quelle: GRÜNSTATTGRAU).

Der konstante Temperatur- und Feuchtigkeitsgehalt des Dachaufbaus erhöht dessen Langlebigkeit. **Auch Photovoltaik- und Solaranlagen** können auf begrünten Flächen länger und effizienter laufen, da durch die Kühlung der Pflanzen die Leistung der Kollektoren erhöht wird. Beschattender Wildwuchs muss jährlich entfernt werden. Bodenplatten erleichtern den Zugang für Wartungsarbeiten.

Je nach Vegetation, Schichtdicke und Aufwand wird bei begrünten Dächern

Extensive Dachbegrünung mit Moosen und flachwüchsigen Stauden.
© Margit Beneš-Oeller

zwischen „Extensiv- und Intensivbegrünungen" unterschieden. Besonders pflegeleicht und günstig sind **Extensivbegrünungen** auf einer dünnen Substratschicht mit geringerem Gewicht. Die Bepflanzung besteht aus Moosen, Sukkulenten, Kräutern, Gräsern und niedrigen Gehölzen, die nur ein- bis zweimal pro Jahr gepflegt werden müssen. Bei einer modellierten Gestaltung entstehen unterschiedliche Strukturen, die eine ökologische Vielfalt entstehen lassen und optisch sehr attraktiv sind. Auf entsprechend belastbaren Flächen kann der Substrataufbau höher sein und anspruchsvolle, auf **Intensivpflege** angewiesene Flächen wie ein Garten genutzt werden.

Mit nur wenigen Zentimetern Aufbau speichern begrünte Dächer im Jahresmittel bereits ca. 50–60 % vom Niederschlag. Bei intensiv begrünten Dächern mit erheblich dickerer Substratstärke liegt er mit bis zu 90 % sogar deutlich höher.

Damit entstehen geringere Abflüsse bzw. werden diese verzögert und somit **Kanal- und Kläranlagen entlastet**. Diese Mengen an Wasser stehen stattdessen den Pflanzen zur Verfügung und sie kühlen die Umgebung durch die Verdunstung deutlich.

Das restliche abfließende Wasser lässt sich in Regentonnen oder Zisternen auffangen und als Gießwasser für trockene Zeiten verwenden, was ebenfalls zu einer günstigen Ökobilanz beiträgt. Die Pflanzen des Gründachs binden Staub und Schadstoffe und filtern dadurch die Luft. Auch auf Innenräume wirken solche Dächer durch **Schall- und Temperaturdämmung** positiv.

Die technischen Voraussetzungen stellen ein einwandfreies Funktionieren des Daches sicher. Dabei sind Statik, Abdichtung, der richtige Aufbau sowie die richtige Pflanzenwahl wichtig. Ziehen Sie für die Dachbegrünung deshalb Fachbetriebe zurate, um keine unangenehmen Überraschungen zu erleben.

Lebensraum bieten

Jedes Gebäude bedeckt ein Stück ehemaliger Natur. Wenn wir dieses Stück Natur auf dem Dach neu anlegen, können wir es zu einem Teil ersetzen. Gründächer wirken positiv auf den Wasserkreislauf. Daneben stellen sie einen enormen Beitrag zur Artenvielfalt dar, denn Pflanzen und Tiere sind hier weitgehend ungestört. Dachbegrünungen sind damit unbestritten die Dachbedeckungen der Zukunft.

Klimafitte Stauden sind hitzebeständig und kommen mit der Trockenheit auf Dächern klar.

© Margit Beneš-Oeller

Klimafitte Stauden für Dachbegrünungen

Die folgenden Pflanzen kommen in **Extensivbegrünungen** mit ca. 10 cm Substratdecke gut zurecht. Bei dickeren, nährstoffreicheren Substratschichten werden sie mitunter von anderen Pflanzen verdrängt.

Dachbegrünungen sind die Dachbedeckungen der Zukunft.

© Natur im Garten/Alexander Haiden

Gründachpflanzen für sonnige Standorte	
Deutscher Name	**Botanischer Name**
Berglauch	*Allium montanum*
Schnittlauch	*Allium schoenoprasum*
Steinkraut	*Alyssum montanum*
Graslilie	*Anthericum ramosums*
Erdsegge	*Carex humilis*
Hornkraut	*Cerastium tomentosum*
Karthäuser-Nelke	*Dianthus carthusianorum*
Hungerblümchen	*Draba verna*
Kugelblume	*Globularia*
Habichtskraut	*Hieracium pilosella*
Polster-Johanniskraut	*Hypericum polyphyllum `Grandiflorum`*
Zwerg-Bart-Iris	*Iris Barbata-nana*-Gruppe
Lein	*Linum flavum*
Pechnelke	*Lychnis viscaria `Feuer`*
Wimper-Perlgras	*Melica ciliata*
Felsennelke	*Petrorhagia saxifraga*
Frühlings-Fingerkraut	*Potentilla neumanniana*
Großblütige Braunelle	*Prunella grandiflora*
Knolliger Hahnenfuss	*Ranunculus bulbosus*
Fetthenne	*Sedum*
Hauswurz	*Sempervivum*
Nickendes Leimkraut	*Silene nutans*
Edel-Gamander	*Teucrium chamaedrys*
Thymian	*Thymus*

Gründachpflanzen für halbschattige Standorte	
Deutscher Name	**Botanischer Name**
Gelber Lauch	*Allium flavum*
Wundklee	*Anthyllis vulneraria*
Heide-Nelke	*Dianthus deltoides*
Natternkopf	*Echium*
Zypressen-Wolfsmilch	*Euphorbia cyparissias*
Sonnenröschen	*Helianthemum*
Hufeisenklee	*Hippocrepis comosa*
Gewöhnlicher Hornklee	*Lotus corniculatus*
Kalk-Blaugras	*Sesleria albicans*
Ehrenpreis	*Veronica spicatum, V. teucrium*

Klimatipp

Lebensraum bieten

Gärten bieten mehr ungenützte Dachfläche als erwartet. Üben Sie das Begrünen am kleinen Projekt – dem Dach des Insektenquartiers oder Vogelhäuschens. Wagen Sie sich dann an Hundehütte oder Geräteschuppen. Schwieriger werden Statik, Dichtheit und Abfluss bei größeren Dächern – eine Sache für Profis.

Mobiles Grün auf Balkon und Terrasse

Grüner ist kühler. Selbst auf Beton- und Asphaltböden können mit Hochbeeten oder Trögen Pflanzeninseln entstehen, die nicht nur schön und artenreich sind, sondern auch das Mikroklima positiv beeinflussen. Die Troggröße entscheidet, was möglich ist.

Balkone und Terrassen

Auch auf der Terrasse, auf dem Balkon oder direkt am Fenster bringen Pflanzen Abkühlung durch Schatten und Verdunstungskühle. Weht aber stets eine leichte Brise, was oft auf Balkonen und Terrassen vorkommt, sind „windverträgliche Pflanzen" mit kleinen Blättern wie Scharfgarbe oder Flockenblume am rechten Ort. Mulchen mit Kaffee und Teesud, Grasschnitt oder Kompost bringt Nährstoffe zu den Wurzeln und verhindert das rasche Austrocknen der Erde.

Topfgärten sind mobil und leicht zu managen.
© Margit Beneš-Oeller

Achten Sie vor allem auf Balkonen auf die Traglast und bei den Fensterbrettern auf eine sichere Befestigung der Pflanzgefäße. Die Verbesserung des Kleinklimas kann durch verschiedenste Bepflanzungen erfolgen.

Mit Hoch- und Tischbeeten lassen sich gepflasterte Terrassen individuell begrünen.
© Margit Beneš-Oeller

Kletterpflanzen wie Wilder Wein, Efeu und *Clematis* bieten Sichtschutz und spenden Schatten. Manche versorgen Sie auch mit Früchten oder Gemüse wie z.B. Minikiwis, Brombeeren oder Bohnen.

Kräuter wie Rosmarin, Schnittknoblauch, Petersilie und Co. verfeinern Ihre Speisen. **Gemüse** wie Tomaten, Bohnen, Gurken oder Salat bereichern den Menüplan. Gemüse bevorzugen allgemein sonnige Standorte, bis in den Halbschatten fühlen sich Kohlrabi, Radieschen, Bohnen, viele Salate und Mangold aber ebenfalls wohl. **Obst** zum Naschen verwöhnt mit klein-wüchsigen Sorten wie Beeren, Äpfeln und Pfirsichen Ihren Gaumen.

Bei **Blüten**pflanzen sind mehrjährige Pflanzen zu bevorzugen. Sie müssen nicht jedes Jahr neu produziert und gekauft werden. Katzenminze, niedrigwüchsige Astern, Sonnenbraut und Mädchenauge verzaubern Sie und die Insekten mit ihren Blüten. Wertvolle Stauden für Balkon und

Terrasse finden Sie auch in den Listen zum Thema Dachbegrünung (s. Seite 57) und Stauden (s. Seite 35).

Dieser Kräutergarten wächst gut erreichbar vor dem Küchenfenster.

© GartenAkademie.com

Klimafittes Essbares für Balkon und Terrasse

Deutscher Name	Botanischer Name	Standort	Anmerkung
Mini-Kiwi	*Actinidia arguta*	○ – ◑	Bis 12 m kletternd
Felsenbirne	*Amelanchier*	○	Zu jeder Jahreszeit schön
Kornelkirsche, Dirndl	*Cornus mas*	○ – ◑	Sehr frühe Bienenweide
Gurke	*Cucumis sativus*	○ – ◑	Kletternd, einjährig
Erdbeere	*Fragaria*	○ – ◑	Auch hängende Sorten
Süßkartoffel	*Ipomea batatas*	○ – ◑	Hängend, Knollen essbar
Säulen-Apfel	*Malus domestica `Cats´*	◑	Braucht (Zier-)apfel zur Befruchtung
Passionsblume	*Passiflora caerulea*	○ – ◑	Kletternd, nicht selbstfruchtbar, einjährig
Feuerbohne	*Phaseolus coccineus*	○ – ◑	Kletternd, nur gekocht essbar, einjährig
Stangenbohne	*Phaseolus vulgaris*	○ – ◑	Kletternd, nur gekocht essbar, einjährig
Johannisbeere	*Ribes*	○ – ◑	Nic austrocknen lassen
Brombeere	*Rubus*	○ – ◑	Kletternd
Himbeere	*Rubus*	○ – ◑	Herbsthimbeeren sind pflegeleichter
Kapuzinerkresse	*Tropaeolum*	◑	Kletternd, mag keine Hitze, einjährig

Damit Ihr Garten intensiv in Ihren Lieblingsfarben blüht, sollte so manche Sommerblume Platz finden. Auch darunter gibt es ökologisch wertvolle Pflanzen:

Ökologisch wertvolle einjährige Sommerblumen			
Deutscher Name	**Botanischer Name**	**Standort**	**Anmerkung**
Goldtaler	Asteriscus	○	Dauerblüher für alle Insekten
Zweizahn	Bidens	○ – ◑	Blühfreudiger und pflegeleichter Insektenmagnet
Ringelblume	Calendula officinalis	○ – ◑	Anspruchslos und dankbar
Zauberschnee	Euphorbia	○	Auch Bienenschleierkraut genannt; pflegeleicht
Vanilleblume	Heliotropium arborescens	○ – ◑	Duftet verführerisch für Mensch, Tagfalter & Hummeln
Wandelröschen	Lantana	○ – ◑	Fasziniert durch Farbspiel besonders Schmetterlinge
Duftsteinrich	Lobularia	○ – ◑	Bodendecker & Einfassungspflanze; für Kleinbienen
Kapkörbchen	Osteospermum	○	Farbenfrohes Insekten-Schlaraffenland
Rosa Sauerklee	Oxalis articulate	○ – ◑	Pflegeleicht und hitzetolerant, treibt er wieder aus
Eisenkraut	Verbena	○	Willkommene Blüte bis in den Spätherbst

Kleine Gehölze für Tröge			
Deutscher Name	**Botanischer Name**	**Standort**	**Anmerkung**
Zwerg-Säckelblume	Ceanothus	○ – ◑	Schöner Solitär für milde Gegenden
Ginster	Cytisus, Genista je nach Boden	○	Je nach Boden, Bienenfutter im Frühling und Sommer
Liguster	Ligustrum vulgare `Lodense´	○ – ●	Immergrüner Alleskönner für Falter
Sibirische Blaubeere	Lonicera kamtschatica	◑ – ●	Süße Früchtchen für kühle Ecken
Zwerg-Heckenkirsche	Lonicera xylosteum `Compacta´	○ – ●	Wertvolle Blüte für Hummeln und Nachtfalter
Zwerg-Weichsel	Prunus fruticosa	○	Nasch- und Vogelnährgehölz
Zwerg-Mandel	Prunus tenella	○	Feintriebig mit schöner Blüte und Herbstfärbung
Zwerg-Weiden	Salix	○	Frühe Insektenweide
Zwerg-Flieder	Syringa	○ – ◑	Duftende Blüten für Schmetterlinge

Tröge sollten so groß wie möglich sein und ein Loch haben, um Staunässe zu verhindern. Grober Kies am Trogboden verhindert leichtes Kippen und lässt neben der Platzierung auf Latten Wasser gut ablaufen. Mischen Sie 1/3 Gartenerde, 1/3 Kompost und 1/3 Sand – und Sie haben ein gutes Substrat für Ihre Kübel- oder Trogpflanzen. Der Kompost sorgt für eine gute Nährstoffversorgung und der Sand für lockere Erde und einen guten Wasserabzug. Größere Töpfe und eine Anstau- oder Tröpfchenbewässerung verringern den Gießstress im Sommer.

Erde aufbessern

Sie müssen nicht jedes Jahr die Erde in den Blumenkästen austauschen. Verbessern Sie das (torffreie!) Substrat zu 1/3 mit Kompost oder zur Hälfte mit neuer Erde. So sparen Sie Transportaufwand und Geld. Bei bepflanzten Trögen die Erde vorsichtig lockern und neue Erde einarbeiten.

Umweltschonender Wegebau und Materialeinsatz

Im Garten können Sie viel für Naturschutz, Artenvielfalt, Müllvermeidung und Ressourcenschonung tun. Schließlich ist eine intakte Umwelt ein Geschenk – nicht nur für uns, sondern auch für jene, die uns nachfolgen.

Versiegeln bedeutet, den Boden mit einer wasserundurchlässigen Schicht abzudecken.
Österreich ist beim Flächenverbrauch Europameister im negativen Sinn. Die Versiegelung lag laut Österreichischer Hagelversicherung in den letzten drei Jahren im Durchschnitt bei 11,8 ha pro Tag. Verkehrsflächen, gefolgt von Bauflächen und Betriebsflächen, haben daran allerdings den größten Anteil.

Das Kleinklima wird dadurch negativ beeinflusst: Versiegelte Böden können Wasser weder aufnehmen noch verdunsten, weshalb sie im Sommer nicht zur Kühlung der Luft beitragen.
Wichtige Bodenfunktionen wie Wasserdurchlässigkeit und Bodenfruchtbarkeit gehen verloren. Bodenversiegelung ist nur schwer und mit hohen Kosten zu beseitigen. Selbst bei Entsiegelung bleiben die natürliche Struktur der Böden und das Bodenleben auf Jahre gestört. Versiegelte Flächen speichern nicht nur Hitze, das darauftreffende Wasser fließt ungenutzt ab und überlastet bei Starkregenereignissen rasch Kanäle und umgebende Flächen. Als ungefährer Richtwert für eine maximale Versiegelung von Gartenflächen gelten 6 %.

Breite Fugen lassen das Wasser schnell ablaufen und verleihen dem Weg eine natürliche Wirkung.

© Natur im Garten/Alexander Haiden

Umweltschonender Wegebau

Wasserdurchlässige Beläge bei Wegen und anderen befestigten Flächen wirken positiv auf das (Mikro-)Klima. Je mehr Wasser versickert, umso mehr bleibt in Ihrem Garten und steht in trockenen Zeiten wieder den Pflanzen zur Verfügung. Wenn Niederschlag möglichst nah am Entstehungsort im Boden versickern kann, dient er der Grundwasserneubildung. Im Garten geschieht dies über **versickerungsaktive Wegebeläge**. Alles spricht dafür: Wer Regen langsam dem Untergrund zuführt, statt es in die Kanalisation zu schicken, trägt dem Gebot der Nachhaltigkeit Rechnung. Auch die Hochwassergefahr wird gemindert.

Bei Terrassen und Wegen braucht es nicht immer groß dimensionierte Pflasterflächen oder gar einen Betonunterbau. Auch **Trittsteine**, von Kräuterrasen umgeben, erfüllen den Zweck. Je mehr bepflanzte Fläche übrig bleibt, umso wirksamer ist die Kühlleistung. Ziegel, Platten oder Pflaster liegen auch in **Kies- und Sandbett** sicher. Zu den wasserdurchlässigen Belägen setzen Sie auf **Steinplatten und Pflaster**, die mit einer 1–5 cm breiten Fuge verlegt werden, **Rasengittersteine, Lochklinker** und Abstandshalter wie in Rasenpflaster oder auf Materialien wie **Häcksel und Kies**.

Schon in etwa 1 cm breiten, dennoch stabilen **Fugen** können über 50 % des Niederschlagswassers zwischen den Platten an Ort und Stelle versickern. Darüber hinaus können Sie dort trittverträgliche kleine Polsterpflanzen, Gräser, Kräuter oder Moose ansiedeln, die das Erscheinungsbild wohltuend auflockern. Als ökologischer Nebeneffekt wird die Wegpassage für Kleinlebewesen erleichtert. Nicht nur bei geschlossenen Plattenbelägen ist ein **Seitengefälle** von etwa 2 % (2 cm pro m)

Eine Variante einer versickerungsaktiven Einfahrt.

© Margit Beneš-Oeller

sinnvoll. Bei wasserdurchlässigen Wegebelägen kann so bei Starkregen das anfallende Niederschlagswasser leicht ins angrenzende Grün abgeleitet werden. In Vorgärten lassen sich mit **Schotterrasen** befahrbare Rasenflächen herstellen, die als Zufahrt, Abstell- oder Parkfläche benutzt werden.
Um **Schattenbäume** zu fördern, sollten diese ungehindert in den Unterbau des Stellplatzes einwurzeln können. Wenn der Unterbau durch große Körnung und großzügiges Volumen gut durchwurzelbar ist und Sie die passende Baumart wählen, wird es nicht zu Hebungen von Platten kommen.

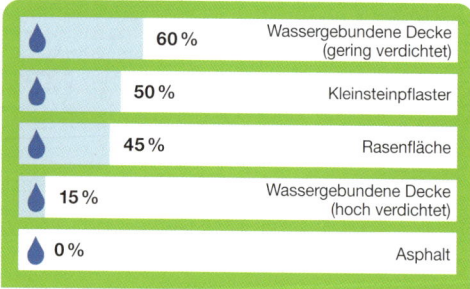

60 %		Wassergebundene Decke (gering verdichtet)
50 %		Kleinsteinpflaster
45 %		Rasenfläche
15 %		Wassergebundene Decke (hoch verdichtet)
0 %		Asphalt

Versickerungsanteile am Niederschlag für verschiedene Belagsarten (Durchschnittswerte).

© Natur im Garten/Gerhard Prähofer

Breite Fugen nehmen Regenwasser auf. Kleinwüchsigen Polsterpflanzen, Insekten und Bodenlebewesen bieten sie Lebensraum.

© GartenAkademie.com

Wassergebundene Wegbelege, Sickermulden, Versickerungsbeete sowie Grünflächen tragen zur Wasserspeicherung bei.

© Chrislofotos/Shutterstock.com

Sauberes Regenwasser über Versickerung dem Naturkreislauf zuführen statt in die Kläranlage fließen zu lassen.

© GartenAkademie.com

Wasserdurchlässig: Durch versickerungsfähige Böden oder Dachbegrünungen wird der oberflächliche Abfluss stark verzögert.

© Margit Beneš-Oeller

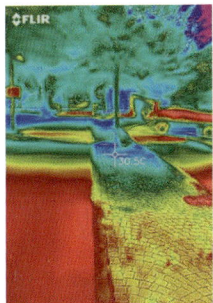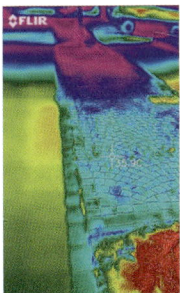

Wärmebilder der Bahnallee Wolkersdorf – beachtlich ist der Temperaturunterschied zwischen der Vegetation und dem Granitkleinstein.

© Natur im Garten/Stefan Streicher

Was wächst denn da?

Wenn in etwas breiteren Pflasterritzen die Steine etwas höher als die Erde liegen, können darin Sternmoos *(Sagina)*, Bruch-kraut *(Herniaria)*, Römische Kamille *(Chamaemelum)*, Mauermiere *(Paronychia)* ausgesät werden. Bei höheren Sand- oder Steinanteilen fühlen sich ebenfalls Römi-sche Kamille und Mauermiere, aber auch Sand-Thymian *(Thymus serpylum)* als Tritt-rasen wohl. Für Schotterböden sind spezi-elle Schotterrasenmischungen erhältlich. Auf normalen Böden machen sich auch die trockenheitsempfindlichere Teppich-verbene *(Phyla nodiflora)* und Weißklee *(Trifolium repens*, z.B. Microclover©) breit.

Fugenvegetation

Lassen Sie in Fugen und Ritzen das Grün sprießen oder säen Sie gezielt passende Arten ein. So finden Bestäuber und andere Insekten wertvolle Nahrung.

Damit in Wabenziegeln normale Rasen-mischungen zumindest bei mäßiger Belas-tung wachsen können, wird auch hier die Erde nicht bis zum Ziegelrand angefüllt.

Nachhaltige Materialwahl

Bevorzugen Sie vor Ort hergestellte Pro-dukte mit kurzen Transportwegen. Statt Materialien, die mit hohem Energieauf-wand oder aus fossilen Brennstoffen her-gestellt werden, favorisieren Sie lieber sol-che aus nachwachsenden Rohstoffen:

Heimisches Holz im Garten

Kaufen Sie Möbel, Terrassenbeläge und andere Gartenprodukte aus heimischen Holzarten, bevorzugt Lärche, Eiche und Kiefernarten (z.B. Rotföhre). Erhältlich sind auch (wärmebehandelte) Tanne, Esche oder Edelkastanie. Douglasie gibt es aus regionaler Forstwirtschaft. Fichte ist beliebt, aber kurzlebiger. Achten Sie auf konstruktiven Holzschutz, damit Nässe sich nicht in Fugen staut und gut abrinnen kann. Qualitätsprodukte können nach Jahren des Gebrauchs abgeschliffen, verleimt, geölt und weiterverwendet werden.

Verwenden Sie bevorzugt heimisches Holz.

 Klimatipp

Holz schützen

Lagern Sie Ihre Gartenmöbel im Winter vor Licht, Regen, Frost und Schnee geschützt – das erhöht die Lebensdauer deutlich.

Naturstein aus der Region fügt sich harmonisch ins Gartenbild ein.
© Margit Beneš-Oeller

Verzichten Sie auf Produkte aus Tropenhölzern. Regenwälder speichern Billionen Tonnen Kohlenstoff und sind für ein stabiles Weltklima wesentlich. So gehen 20 % der weltweiten klimaschädlichen Emissionen auf das Konto der Waldrodung. Viele Tropenländer sind dadurch zu den weltweit größten „Klimaanheizern" aufgestiegen. Auch als gewaltige Wasserspeicher dienen Regenwälder. Die Abholzung bedeutet den Zusammenbruch des Wasserkreislaufs. Regional bewirkt das Trockenheit und Ernteverlust, global verändert es die Großwetterlage – mit mutmaßlich wüstenähnlichen Landstrichen als Konsequenzen.

Natursteine aus der Region
Naturstein ist ein wertvolles Baumaterial, aus dem zahlreiche Gestaltungselemente im Garten entstehen, wie z. B. Trockensteinmauern, Schwimmteiche, Sitzbereiche, Terrassierungen, Stiegen, Rampen und Wege.
Österreich ist mit verschiedensten Natursteinen reich beschenkt. Bevorzugen Sie Steine aus Ihrer Region. Sie werden mit kurzem Transportweg geliefert. Steine aus anderen Ländern haben sehr lange Transportwege hinter sich (z. B. China, Indien …) und werden häufig unter fragwürdigen Arbeitsverhältnissen abgebaut.

Erde vor Ort nutzen
Häufig wird bei Bauarbeiten die Erde aufwendig abtransportiert und dann neue antransportiert. Wenn Platz vorhanden ist, kann die Aushuberde gut in Mieten mit maximal 1,2 m Höhe gelagert werden. Diese Erdhügel müssen unbedingt begrünt werden, um die Ansiedlung von Beikräutern zu vermeiden. Dafür eignet sich eine

 Klimatipp

Steine wiederverwenden

Steine aus Abbruchhäusern oder abgetragenen Steinmauern sind nachhaltige Baumaterialen. Beobachten Sie aufmerksam Ihre Umgebung, reden Sie mit Grundstückseigentümern oder Nachbarn, häufig liegen die Steine für Ihr Gestaltungselement ungenutzt in der direkten Umgebung.

nicht winterharte Gründüngung aus einjährigen Pflanzen wie z. B. Bienenfreund *(Phacelia)*, Lupine, Gelbsenf und Buchweizen. Die Pflanzen schützen die Erde vor Erosion und die Wurzeln lockern und beleben sie. So entsteht eine gute Gartenerde für die Wiederbegrünung der Baustelle.

Jute statt Plastik im Garten

Verzichten Sie im Garten auf Kunststoffprodukte wie Unkrautvlies, Folien, Bindeschnüre usw. Diese Materialien werden mit hohem Energieaufwand aus fossilen Rohstoffen hergestellt. Verwenden Sie Gartenfolien und Bindeschnüre aus abbaubaren Materialien wie Papier, Jute, Maisstärke, Sisal, Bast oder Wolle.

Nachhaltiges Recycling spielt auch im Garten eine immer wichtigere Rolle.

© Natur im Garten

Recycling im Garten

Dass auch „alte Dinge" im Garten neue und innovative Verwendung finden, freut umso mehr. Umfunktionieren heißt die Devise, um mit wenig Budget manch schillernde Schatztruhe zu öffnen. Egal ob ein Hutständer den Bohnen beim Ranken hilft oder eine ausrangierte Schublade als Herberge für Zucchini dient, den Ideen sind keine Grenzen gesetzt. Alte Dachziegel werden zu Beeteinfassungen und Betonabbruch zur artenreichen Steinmauer. Schöne Natursteinpflaster werten das gesamte Umfeld für Generationen auf. Mit alten Klinkern, Ziegeln oder Natursteinen lassen sich reizvolle Muster stimmungsreich gestalten.

Kokosmatten schützen in Kombination mit schützender Wandnähe wirksam vor Frost.

© Margit Beneš-Oeller

Klimatipp

Upcycling

Überlegen Sie vor der Entsorgung von Gegenständen, ob diese noch im Garten oder auf der Terrasse einen Zweck erfüllen oder als Geschenke Freude bringen können.

Im Garten Wasser und Energie sparen

Auch zu Hause ist man in die Natur einge-bunden. Die nachfolgenden Seiten sollen Ihnen helfen, Wasser und Energie im Gar-ten sinnvoll einzusparen.

Urlaub zu Hause
Wer braucht da noch einen Wellnessur-laub? „Dableiben und genießen" heißt für Gartenbegeisterte die Devise: Denn ein Garten ist die am klimafreundlichsten zu erreichende Urlaubsoase. Meist trennen Sie nur wenige Schritte von Ihrem Ent-spannungsparadies, das so ohne viel Energieaufwand jederzeit aufgesucht wer-den kann und Eindrücke für alle Sinne bie-tet. Auch Kleingärten liegen oft noch in angenehmer Distanz, sodass man zu Fuß oder mit dem Fahrrad bequem dorthin ge-langen kann. Damit ist der Garten ein „Ur-laubsort", der an freien Abenden, Wochen-enden und im Urlaub schnell erreichbar ist. Er bietet sich an als „Fitnesspro-gramm", als Ruheraum, Spielort für die Kinder und für soziale Kontakte über den Gartenzaun, das Ganze ohne nervenauf-reibende An- und Abreise und dadurch kaum CO_2-Ausstoß.

Energiesparende Gartenhelfer
Sehr viele Geräte, Beleuchtungen oder Transporte benötigen Energie. Benzinbe-triebene Gartengeräte sind im Garten die Hauptemittenten von CO_2, dem primären Treibhausgas. Verwenden Sie, wo möglich, Elektro- oder Handmäher, Rechen und andere emissionsarme oder -freie Werk-zeuge. Elektroenergie ist eine umwelt-freundliche Quelle, wenn Sie Ökostrom beziehen (oder gar vor Ort produzieren) und langlebige Akkus verwenden.
Bei der laufenden Pflege wird in Naturgär-ten weniger Energie benötigt als in konven-tionellen Gärten: Blumenwiese und Kräuter-rasen müssen viel weniger gemäht werden, naturnahe Hecken machen maschinelle Heckenscheren weitgehend überflüssig, und der naturnahe Schwimmteich ersetzt den pflegeintensiven, geheizten Pool. Verwenden Sie energieeffiziente Geräte. Zeitschaltuhren und Bewegungsmelder sparen zusätzlich Energie.

Helle Freude?
Intensives Licht in der Nacht stört den Bio-rhythmus von Mensch, Tier und Pflanze. Nachttiere werden irritiert, tagaktive Lebe-wesen kommen nicht zur Ruhe, Brutzeiten und Vermehrungszyklen werden beeinträch-tigt. Bei Menschen kann ein Übermaß an künstlichem Licht zu Schlafstörungen und gesundheitlichen Folgeschäden führen. Verzichten Sie im Garten deshalb auf Be-leuchtung oder reduzieren Sie Lichtdauer und -intensität auf das wirklich notwen-dige Minimum.

Erholsame Stunden im Grünen in einer ruhigen Gartenecke, wohin man sich gern zurückzieht.
© Svetlana Gorbacheva/Shutterstock.com

- Bewegungsmelder und Zeitschaltuhren reduzieren die Lichtdauer.
- Verwenden Sie warmweiße LED-Lampen. Sie sind langlebig, sparen Strom und erzeugen weniger Wärme, die Insekten werden weniger angelockt.
- Richten Sie die Leuchtrichtung nach unten, so entsteht eine gezielte Beleuchtung z. B. für sicher begehbare Wege und das Licht strahlt weniger in die Umgebung.
- Montieren Sie die Beleuchtung möglichst niedrig, um die Fernwirkung des Lichtes zu reduzieren.
- Solarbetriebene Lichtquellen sind besonders klimafreundlich.

Wasser als Lebensgrundlage im Garten

Weltweit gesehen ist Wasser ein knappes Gut. Und obwohl wir in unseren Breiten meist noch genügend kostbares Nass besitzen, sollten wir mit der wertvollsten aller Ressourcen sehr sorgfältig umgehen. Es gilt, das globale Zusammenspiel von Wasser, Erde, Flora und Fauna zu respektieren und zu schützen.

Klimatipp

Licht aus

Weniger Licht im Garten ist gesund für Mensch und Tier und spart Stromkosten. Genießen Sie das Funkeln der Sterne und das stimmungsvolle Mondlicht. Wenn sich niemand im Garten aufhält, sollte Kunstlicht „Sendepause" haben.

Wasser speichert Wärme und entzieht seiner Umgebung Energie. Diese Wärme gibt es nachts und in kühlen Phasen wieder ab. Selbst kleinere Wasserflächen wie Becken und Tröge erfüllen damit eine klimatische Ausgleichsfunktion. Das Speichervermögen von Wasser ist etwa 2,5-mal höher als das von Gestein. Wasser verdunstet und kann durch Abkühlung in der Nacht kondensieren. Somit kommt Feuchtigkeit in den Garten. Gärten, die Schwimmteiche oder andere Wasserflächen offerieren sind eine willkommene Attraktion für Mensch und Tier.

Sicherheit auf Wegen und Treppen: Moderne Gartenleuchten verwenden energiesparendes LED-Licht und strahlen insektenfreundlich besser nur nach unten.

Stenko Vlad/Shutterstock.com

Nachtanken erwünscht: Erwachsene bestehen aus 60–65 % aus Wasser, Kleinkinder bis zu 85 %.

© New Africa/Shutterstock.com

die vorhandenen Geländeverhältnisse passen. Auf Balkon und Terrasse muss bei kleinen Wasseroasen oder Miniteichen mit durchschnittlich 40–50 l auf das Gewicht geachtet werden. In sonniger bis halbschattiger Lage und mindestens 40 cm hohen Töpfen wachsen sogar Zwergseerosen. Ihnen genügen 3–4 l lehmig-schlammiges Substrat. Achten Sie auf eine tierfreundliche Gestaltung mit Ausstiegshilfen, damit das Wasser nicht zur tödlichen Falle wird.

In jedem noch so kleinen Garten findet sich Platz für **Wasser als Gestaltungselement:** Ob flacher bepflanzter **Teich, Brunnen**, schlichtes **Wasserspiel**, kleine **Wasserstelle, Quellstein** oder **Vogeltränke** – sie alle sind ökologisch wertvolle Blickfänge und tragen viel zur Atmosphäre eines Gartens bei. Besonders gut gelingt die Gestaltung von **Bachlauf oder Wasserfall**, wenn

Wasser lohnt immer

Wasserflächen verändern das Kleinklima und sind wertvolle Biotope. Sie sind Orte voller Leben und ermöglichen zu jeder Jahreszeit beeindruckende Naturbeobachtungen.

Hier sind Kinder in ihrem Element – bei jedem Wetter!

© FamVeld/Shutterstock.com

Schwimmteich – Flucht ins kühle Nass.
© Margit Beneš-Oeller

Dass man kein aufwendig aufbereitetes Trinkwasser zur Gartenbewässerung einsetzen sollte, ist nicht nur eine Frage des Preises. Wasser ist für Mensch, Flora und Fauna gleichermaßen ein wesentlicher Lebensfaktor. Wahre Gartenfans bieten Insekten und Vögeln feuchte Plätze, gehen darüber hinaus aber sparsam mit den natürlichen Ressourcen um. Immerhin 7 Liter pro Kopf werden in Österreich täglich für die Gartenbewässerung verbraucht. Damit Wasserverwendung nicht zur Wasserverschwendung wird, ist in naturnahen Gärten eine standortgerechte Bepflanzung Voraussetzung.

Gesammeltes Regenwasser ist kostenlos zu haben. Das aufgefangene Wasser ist weniger kalkhaltig, hat eine angenehme Temperatur und bekommt deshalb Pflanzen und Tieren bestens. Wasserversorgung über Regenwasserzisternen oder -tonnen ist nicht nur ressourcenschonend, sondern auch pflanzengerecht. Diese Wasserspeicher können auch aneinandergekoppelt werden. So werden größere Wassermengen gesammelt.

In einem **Schwimmteich** entfliehen wir auch der größten Hitze. Ideal liegt er am tiefsten Punkt des Gartens. Hier holen sich Insekten Wasser oder nehmen Vögel ein Bad. Was den Tieren guttut, ist auch für uns Menschen eine Bereicherung. Schon die ersten wärmenden Sonnenstrahlen laden zum Verweilen ein. In naturnahen Schwimmteichen halten Gelbrandkäfer, Libellenlarven und andere Räuber Gelsenlarven verlässlich in Schach.

Wasser auffangen und speichern

Weil Trockenperioden und steigende Temperaturen den Bewässerungsbedarf erhöhen, sollten Gärtner und Gärtnerinnen Wasser bei Regenfällen auffangen und speichern. In **Regenfässern** und **Zisternen** kann das wertvolle Nass leicht gesammelt werden und steht dem Garten in Trockenperioden zur Verfügung. Ein **bodennaher Hahn** erleichtert bei Regentonnen das Befüllen der Gießkannen und das Entleeren vor dem Winter. Entnehmen kann man das gespeicherte Wasser auch über solarbetriebene oder herkömmliche **Tauchpumpen**.

Das Fass als simpler und formschöner Speicher.
© Margit Beneš-Oeller

Bauen Sie mit Ihren Kindern einen Regenwasser-Pfad. Er bietet ungeahntes Erlebnispotenzial.

© Natur im Garten/Alexander Haiden

Ein Rechenbeispiel: Eine kleine Gartenlaube mit 12 m² Dachfläche kann bei effektiver Sammelfläche bis 10 m³ Wasser pro Jahr auffangen, davon gehen ca. 3 m³ über Verdunstung oder Überlauf verloren.

Bei **Regenrinnen** ist auf Überlaufklappen und Laubfang zu achten, bei größeren Systemen zusätzlich auf den Zulauf über **Grob- und Feinfilter**.
Eine luftdurchlässige Abdeckung – etwa aus einem Gardinenstoff – sorgt dafür, dass lästige Gelsen ihre Nachkommen nicht in nächster Nähe großziehen und keine Tiere hineinfallen.

Gießen und Bewässern im Garten

Weniger ist mehr, denn die meisten Gärten werden zu viel und zu häufig gegossen. Die Gesamtwurzelmasse ist oft größer als die Masse der oberirdischen Pflanzenteile. Bei ausreichend Feuchtigkeit werden Pflanzen „faul" und bilden nur Flachwurzeln aus, bei seltener Bewässerung wachsen sie in tiefere Schichten. Ein hoher

Anteil an flachen Wurzeln bedeutet eine höhere Trockenheitsempfindlichkeit und Abhängigkeit von Bewässerungen. Eine hohe Bodenqualität fördert das Speichervermögen der Erde.

Richtiges Gießen ist wichtig. Vorteilhaft sind ausreichende Wassergaben, jedoch in größeren Intervallen. Wird der Boden durchdringend, aber selten bewässert, bilden die Pflanzen ihre Wurzeln auch in die Tiefe aus. Zum Beispiel reichen auf guten Böden und bei durchschnittlichen Temperaturen 20 mm = 20 l pro m² für Rasenflächen für 2–3 Wochen. Mulchen hilft die Gießmengen in Rabatten und Beeten deutlich zu verringern.

Gewässert wird **möglichst frühmorgens**, gezielt auf den Wurzelbereich und nicht auf Blätter, Blüten und Früchte. So kann das kostbare Nass direkt den Pflanzenwurzeln zugutekommen und verdunstet nicht in der glühenden Sonne. Die durch Gießen am Morgen entstehenden Kühl-

Mit Gießkannen lässt sich Wasser portionieren.
© Margit Beneš-Oeller

Gießen hat gegenüber künstlichem Beregnen Vorteile, sowohl beim geringeren Wasserverbrauch, als auch in Bezug auf Pilzkrankheiten und Schnecken. Sandige Erde muss vermehrt gegossen und am besten gemulcht werden. Die Einarbeitung von Kompost erhöht die Speicherkapazität. Regenschatten bilden Bäume, Gebäude, Zäune, Mauern oder Hecken auf windabgewandten Stellen, worauf bei Pflanzen mit hohem Wasserbedarf geachtet werden muss.

Im Gemüsegarten ist beim Gießen auch der Entwicklungsstand der Kulturen wesentlich. Jungpflanzen müssen gleichmäßiger und häufiger versorgt werden. Auch bei Obstgehölzen sollte in der Phase der Fruchtausbildung auf eine gute Wasserversorgung geachtet werden.

effekte vermindern Hitzedruck. Spätestens bis zum Abend sollten die Pflanzen wieder abtrocknen, um nicht Pilz- und Schneckenbefall zu fördern.

Verspricht ein Gewitter nach langer Trockenheit starke Regengüsse, ist es von Vorteil, wenn Sie davor den Boden leicht befeuchten. So kann er wie ein Küchenschwamm das Wasser leichter aufnehmen und mehr davon speichern.

Hohem Wasserverbrauch vorbeugen

An den Standort angepasste Pflanzen kommen mit heißer Witterung und wenig Wasser besser zurecht als jene, die unter unpassenden Boden- und Lichtverhältnissen leiden. Für vollsonnige Lagen empfehlen sich pflanzliche Trockenkünstler.

Ein durchdachtes **Bewässerungskonzept** bei Gartenneuanlagen mit einzubauen ist in vielen Fällen vorteilhaft. Neben dem Betrieb von Bewässerungsanlagen über Regenwasserzisternen oder Wasserleitungen erleichtert ein Wasserhahn in der Nähe der Beete die Pflege enorm, denn Hitze und Trockenphasen mit erhöhtem Gießaufwand kommen bestimmt.

Eine Bewässerung ist vor allem dort notwendig, wo Wasser- oder Zeitmangel Probleme mit sich bringen. Dafür sind unterschiedlichste Bewässerungssysteme am Markt, auch solche, die eine Regenwassernutzung miteinbeziehen. Sie reichen von der Tröpfchenbewässerung über eine gezielte Einzelpflanzenversorgung bis hin zu computergesteuerten Regnern oder Sprühanlagen für die Flächenberegnung. Vollautomatische Bewässerungsanlagen können auch über Feuchtigkeitsfühler gesteuert werden und sparen so nochmals Wasser. Wo größere Flächen nicht ohne Bewässerung auskommen, können Sie

Im Regenschatten einer Mauer entstehen ausgeprägte Trockenzonen.

© GartenAkademie.com

Bei Hecken kann einen Teil des Regenwassers bis zum Boden durchdringen.

© GartenAkademie.com

über eine Unterflurbewässerung (unterirdische Tröpfchenbewässerung in Wurzelnähe) nachdenken, sie lohnt aber meist nur für Touristik-, Freizeit- oder Produktionsbetriebe. Immerhin lassen sich damit gegenüber herkömmlichen oberirdischen Bewässerungen bis zu 50 % des Wasserbedarfs einsparen.

Klimatipp

Kein „Gießkannenprinzip"!

Wenn Sie mit trockenheitstoleranter Pflanzenwahl und wassersparendem Mulchen nicht auskommen und regelmäßig bewässern müssen, verabschieden Sie sich von Sprühdüsen und Rasensprengern, die nach dem „Gießkannenprinzip" von oben beregnen. Ein Bewässerungssystem mit Tropfschläuchen gibt stattdessen gezielt Wasser im Wurzelbereich ab.

Mit pflegeleichten Pflanzen bleibt mehr Zeit, Ihren Garten zu genießen.

© Natur im Garten/Joachim Brocks

© Khanthachai C/Shutterstock.com

Selbsttest:
Ist Ihr Garten klimafit?

Wer ökologisch gärtnert, der gärtnert nachhaltig. Im Garten klimabewusst zu handeln, dafür gibt es viele Möglichkeiten, die jetzt bedeutender sind denn je. Falls Sie sich fragen, ob Ihr Garten schon klimafit ist, machen Sie doch einfach diesen kleinen Test.

☐ Ich pflanze standortgerecht, begrüne, was das Zeug hält, und fördere in meiner Gartenwelt verschiedenste Pflanzen und Tiere und damit die Artenvielfalt.

☐ Für ein gesundes Bodenleben verzichte ich auf Bodenversiegelung und aufs Umstechen im Gemüsebeet.

☐ Ich arbeite ohne Torf.

☐ Durch Kompostieren, Mulchen und Gründüngung binde ich Kohlenstoff im Garten.

☐ Bei Pflege und Pflanzenschutz setze ich auf biologische Mittel und Methoden.

☐ Ich sammle und speichere Regenwasser im Garten und setze Wasser durch angepasstes Gießen möglichst sparsam ein.

☐ Ich kaufe bei regionalen Produzenten und verarbeite Rasen- und Strauchschnitt oder Laub vor Ort. Auch das spart CO_2.

☐ Gartenmaschinen verwende ich mit Maß und Ziel, bevorzugt elektrisch betriebene.

☐ Meine Gartenausstattung (Bauwerke, Möbel, Pflanzgefäße) stammt aus heimischen, nachwachsenden Rohstoffen. Ich achte auf ökozertifizierte Produkte ohne Plastik und Tropenhölzer.

☐ Bevor ich etwas wegwerfe, versuche ich es zu verschenken oder Neues aus Altem zu machen. Reparatur steht für mich vor Neukauf.

Wie viele „Kreuzerl" sind es geworden? Helfen Ihnen die vorangegangenen Kapitel? Wenn Sie diese zehn Tipps bei der Gestaltung und Bewirtschaftung Ihres Gartens umsetzen, ist er im Nu klimafit.

Und falls Fragen offengeblieben sind, melden Sie sich bei unserm
„Natur im Garten" Telefon:
+43 2742 74333
oder unter
gartentelefon@naturimgarten.at

© Natur im Garten/Alexander Haiden

VERWENDETE UND WEITERFÜHRENDE
Links und Literatur

THEMA FAKTENWISSEN KLIMAWANDEL

Bundesministerium für Nachhaltigkeit und Tourismus, Österreich
ÖKS15 – Klimaszenarien für Österreich
www.bmnt.gv.at/umwelt/klimaschutz/
klimapolitik_national/anpassungsstrategie/
klimaszenarien.html

Zentralanstalt für Meteorologie und Geodynamik, Wien – ZAMG
www.zamg.ac.at/cms/de/klima/
informationsportal-klimawandel

Klimadaten einzelner Gemeinden Österreichs:
www.kommunalnet.at/news/einzelansicht/
wie-erwaermt-sich-ihre-gemeinde-bis-
2050/news/detail.html

Umweltbundesamt GmbH, Abteilung für Umweltfolgenabschätzung und Klimawandel
www.klimawandelanpassung.at

KROMP-KOLB, H., FORMAYER, H. (2018):
+2 Grad. Warum wir uns für die Rettung der Welt erwärmen sollten. Molden, Wien.

© Natur im Garten/Alexander Haiden

THEMA PFLANZEN

„Natur im Garten" GmbH
www.naturimgarten.at
www.naturimgarten.at
www.facebook.com/naturimgarten
www.instagram.com/naturimgarten
www.youtube.com/naturimgarten

„Natur im Garten" Baumnavigator
www.willBAUMhaben.at

Medieninhaber „Natur im Garten" GmbH,
GRETZ, V., PRÄHOFER, G. (2019):
**Der Klimabaum – Wie Bäume unser
Klima verbessern** (2019)
www.naturimgarten.at/Klimabaum

Bayerische Gartenakademie:
Berichte der Bewässerung im
Haus- und Kleingarten

https://bit.ly/2zRT0AJ

THEMA BAUWERKSBEGRÜNUNG

**GRÜNSTATTGRAU Forschungs-
und Innovations GmbH**
www.gruenstattgrau.at

Fassadengrün e.K.
www.fassadengruen.de

DieStadtbegrüner
office@diestadtbegruener.com
www.diestadtbegruener.com

https://bit.ly/3bRSDn3

THEMA LICHTVERSCHMUTZUNG

Tiroler Umweltanwaltschaft
www.hellenot.org
Wiener Umweltanwaltschaft:
wua-wien.at/naturschutz-und-
stadtoekologie/lichtverschmutzung

Register

Danksagung

Vielen Dank an das gesamte Team von „Natur im Garten",
im Speziellen an Katja Batakovic, Gerda Hüfing, Gregor Dietrich
und Claudia Strobl-Lopez, an Paul Weinzerl, den Gartenleiter
der GARTEN TULLN, sowie an Gerhard Wotawa (Mitarbeiter
der ZAMG und Vorstandsmitglied des Climate Change Centre Austria).